无线电 出品

机器人制作入门

AF589470

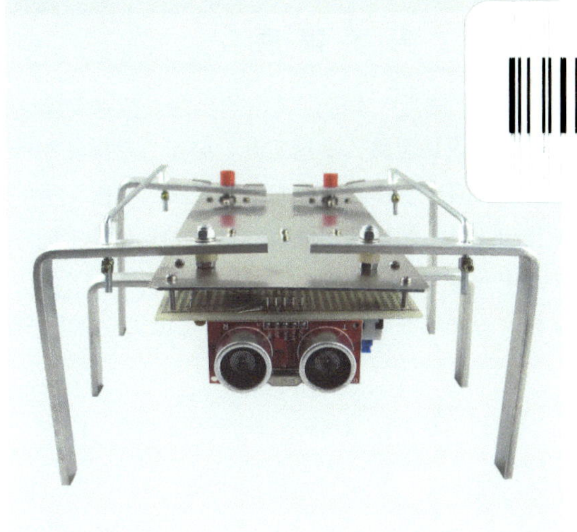

■ 臧海波 著

人民邮电出版社
北京

图书在版编目（CIP）数据

机器人制作入门 / 臧海波著. -- 4版. -- 北京 :
人民邮电出版社, 2017.7
（爱上机器人）
ISBN 978-7-115-46044-8

Ⅰ. ①机… Ⅱ. ①臧… Ⅲ. ①机器人—制作 Ⅳ.
①TP242

中国版本图书馆CIP数据核字(2017)第122893号

内容提要

欢迎来到机器人技术的精彩世界！这是一本通俗易懂的机器人技术实践参考书，内容包括制作小型移动式智能机器人所需的材料、设计思路、常用工具、装配方法以及制作工艺。

本书收录了12个低成本、易实现的小型移动式智能机器人制作实例，内容丰富，讲解具体。读者可以从这几个由易到难的制作中逐渐了解机器人的工作原理和具体的实现方法，在实际制作的过程中动手动脑，边玩边学，并从中获得乐趣和知识！

本书可作为学校第二课堂和学生兴趣爱好的参考指南，也可以供业余电子制作爱好者以及模型爱好者阅读和参考。

◆ 著　　　　臧海波
责任编辑　周　明
责任印制　周昇亮

◆ 人民邮电出版社出版发行　　北京市丰台区成寿寺路 11 号
邮编　100164　　电子邮件　315@ptpress.com.cn
网址　http://www.ptpress.com.cn

◆ 开本：690×970　1/16
印张：12　　　　2017 年 7 月第 4 版
字数：270 千字　　　　2017 年 7 月北京第 1 次印刷

定价：59.00 元

读者服务热线：(010)81055339　印装质量热线：(010)81055316
反盗版热线：(010)81055315
广告经营许可证：京东工商广登字 20170147 号

前　言

机器人的种类有很多，各国科学家给机器人下的定义也是各有千秋。也许正是由于定义的模糊，机器人一直披着一层高科技的外衣，人们对机器人的期待也很高。大多数人认为，机器人应该制作得和人一模一样，完成人类所能做的各种工作。实际上，机器人可以简单理解为一种自动控制的机器装置，既可以接受人类指令，又可以按编制好的程序运行，还有更高级的人工智能机器人。从广义上理解，我们身边的空调、洗衣机，甚至孩子们的遥控玩具，都属于机器人这个大家族。

机器人是利用机械、电子元器件组合而成的一种能模仿生物或人类的某些技能的机电装置。本书将从感觉控制和适应控制的角度介绍12个小型仿生机器人的详细制作过程。它们的特点是结构简单、制作容易，并融入了模型、艺术和娱乐的元素。用生活中常见的材料——曲别针、车条、瓶盖和玻璃珠建造机器人的骨架和车轮，从准备丢掉的电子垃圾中拆出电机和齿轮制作机器人的驱动装置。读者可以在材料和工艺的选择上尽情发挥，展示自己非凡的想象力。

即使是非常简单的电路，与传感器和机械部分巧妙搭配起来，也可以实现令人惊奇的效果。无论如何，用自己的聪明才智和双手创造出一部可以自动运转的机器都是一件令人着迷的事情。怀着好奇心，在制作过程中探索机器人技术的奥秘；学习如何利用身边的资源，如何理解人造物与自然环境之间的联系；关注环保、艺术这些学科，也许你会体会到许多意想不到的惊喜，获得书本中所体验不到的快乐。

古人有言曰：“临渊羡鱼，不如退而结网。”希望大家都可以在实践中成为设计与制作能力兼备的能工巧匠。

臧润波

于北京通州

目 录

第1章 小型移动式智能机器人和制作工具 …… 001

1.1 小型移动式智能机器人 …… 002
- 1.1.1 机器人的电子元器件 …… 004
- 1.1.2 机器人的结构材料 …… 008

1.2 机器人制作工具 …… 011
- 1.2.1 电子装配工具 …… 011
- 1.2.2 机械装配工具 …… 014

第2章 用分立元器件制作的机器人 …… 020

2.1 太阳能陀螺 …… 021
- 2.1.1 工具和材料 …… 021
- 2.1.2 太阳能陀螺的电路 …… 023
- 2.1.3 制作 …… 023
- 2.1.4 调整技巧 …… 029

2.2 双细胞硬盘动物——让身边的e-waste变身为光彩夺目的艺术品 …… 030
- 2.2.1 备料 …… 031
- 2.2.2 制作 …… 034
- 2.2.3 结论 …… 046

2.3 太阳能蟋蟀——在手掌上跳舞的机器人 …… 047
- 2.3.1 高效引擎 …… 047
- 2.3.2 材料和工具 …… 049
- 2.3.3 制作过程 …… 050
- 2.3.4 故障与排除 …… 061

第3章 用逻辑电路制作的机器人 …… 062

3.1 基于模拟计算机的循线小车 …… 063
- 3.1.1 制作小车底盘 …… 063
- 3.1.2 制作循线控制板 …… 067

3.2 会寻光的机器龟 …… 073
- 3.2.1 制作机器龟的移动平台 …… 074

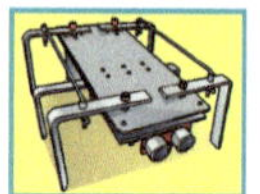

3.2.2 制作机器龟的电子脑 …… 078
3.2.3 总体装配和调整 …… 082
3.2.4 一些想法与功能扩展 …… 084
3.3 活灵活现的比目鱼 …… 085
3.3.1 制作比目鱼的骨架 …… 086
3.3.2 制作比目鱼的电子部分 …… 090
3.3.3 最终效果和改进想法 …… 095

第4章 用神经元制作的机器人 …… 096

4.1 由神经元组网构成的蛇形机器人 …… 097
4.1.1 制作蛇形机器人的骨架 …… 098
4.1.2 制作蛇形机器人的电子部分 …… 107
4.1.3 总装和运行效果 …… 111
4.2 仿生昆虫机器人 …… 117
4.2.1 仿生昆虫机器人的结构 …… 118
4.2.2 制作昆虫机器人的骨架 …… 119
4.2.3 制作昆虫的电子部分 …… 128
4.2.4 总装调试 …… 133

第5章 用单片机制作的机器人 …… 136

5.1 数字PK模拟 …… 137
5.2 基于不同控制理念的两个爬虫机器人 …… 137
5.2.1 结构与控制方法 …… 138
5.2.2 数字爬虫机器人骨架的制作过程 …… 139
5.2.3 模拟爬虫机器人骨架的制作过程 …… 144
5.2.4 数字爬虫机器人控制核心的制作过程 …… 148
5.2.5 模拟爬虫机器人控制核心的制作过程 …… 153
5.2.6 最终效果对比 …… 157
5.3 快速原型机、LittleBits和机器蠕虫 …… 159
5.3.1 快速原型机 …… 160
5.3.2 LittleBits和机器蠕虫 …… 161
5.4 用Arduino打造超级BEAM机器人 …… 166
5.4.1 结构部分的制作 …… 169
5.4.2 电子部分的制作 …… 172
5.4.3 制作软件 …… 174
5.4.4 功能扩展 …… 176
5.4.5 升级2号机——触须传感器 …… 178
5.4.6 升级2号机——红外遥控 …… 184

第1章

小型移动式智能机器人和制作工具

什么是小型移动式智能机器人？它们有什么特点？制作小型机器人的乐趣和意义都体现在哪些方面？本书将为你一一进行解答。

小型移动式智能机器人的特点是体积小、结构简单、控制方式灵活多变。你可以使用生活中常见的材料，采取和搭建模型一样的方法来制作这类机器人。你可以把它们看成是会动的模型，这些机器人具有像生物一样的独特的行为模式。

1.1 小型移动式智能机器人

本书中介绍的机器人，属于小型移动式智能机器人，由电子部分和机械部分构成。其中电子部分所占的比重大约是30%，机械部分大约是70%。

电子部分好比机器人的大脑，对于书中的机器人来说，就是用由电子元器件组成的电路来模拟生物的神经系统，再现神经的传导和反射行为。在后面的内容中，将通过制作实例的形式，循序渐进地向读者介绍使用基础电子元器件、数字逻辑电路和单片机来制作机器人的大脑。

机械部分好比机器人的身体，包含有支撑着机器人的躯干和推进机器人运转的关节。机械部分涉及结构的搭建和传动系统的设计，是制作中的难点。业余设计和制作小型机器人可以从低成本、建造方便、小巧灵活这些特点入手。最容易实现的方式是把电子部分和结构部分作为一个整体来进行制作，简单说就是直接用电子元器件来搭建机器人的骨架，使其既满足电路的功能，又构成了机器人的骨架，如图1-1~图1-5所示。

图1-1 直接使用电子元器件作为骨架制作而成的两只太阳能蟋蟀

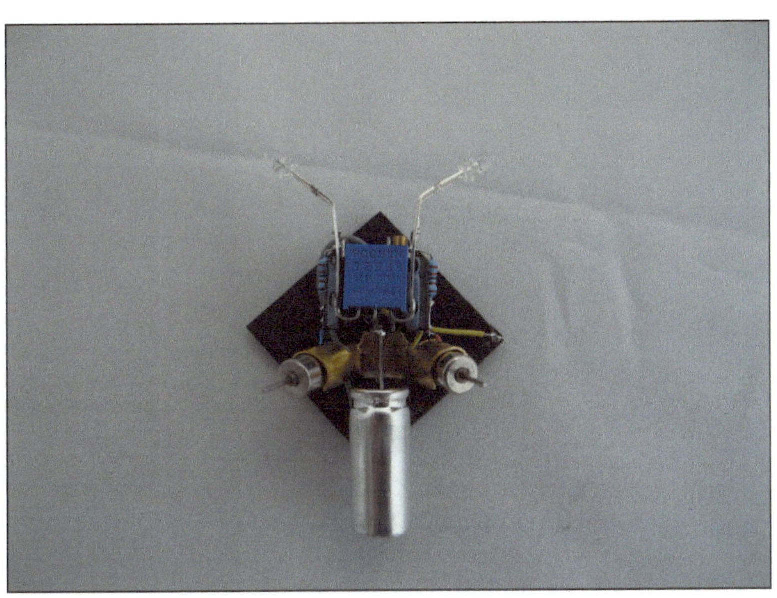

图 1-2　蟋蟀机器人的底部，可以看到由两只电机组成的驱动部分、储能电容与其他电子部分构成了一个整体

图 1-3　另一个版本的太阳能蟋蟀，使用洞洞板作为结构件

图 1-4　洞洞板蟋蟀的底部，各种细小电子元器件、电机和储能电容都固定在一片洞洞板上，构成了机器人的主体

图 1-5　业余制作可以尽情发挥创意，使用任何可以利用的材料。这是一个以铁罐头皮为底盘制作的寻光机器人。两只电机固定在底盘上，尾轮是一个塑料珠子，电源是淘汰下来的手机电池，电子部分焊在一小块洞洞板上，用尼龙扎带把这些捆绑在一起，就构成了一个智能移动平台，是不是很有趣？

1.1.1　机器人的电子元器件

从工程学角度看，小型移动式智能机器人可以看成能独立工作的自动控制系

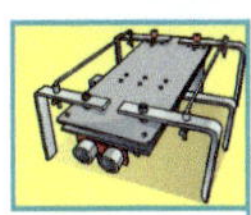

统，它们具有自动控制系统的3要素，即：传感器、控制器和执行器。下面就从这3部分出发，简要介绍一下制作书中机器人所需的电子元器件，元器件的用法会在后面的制作项目中详细说明。

1 传感器

本书介绍的机器人上用到的几种传感器见图1-6，以光电传感器和机械传感器为主，从左往右依次为3mm光敏二极管、3mm红外接收管、水银开关、ITR20001-T和TCRT5000型反射式红外线传感器，以及带有开关量输出的超声波测距传感器。

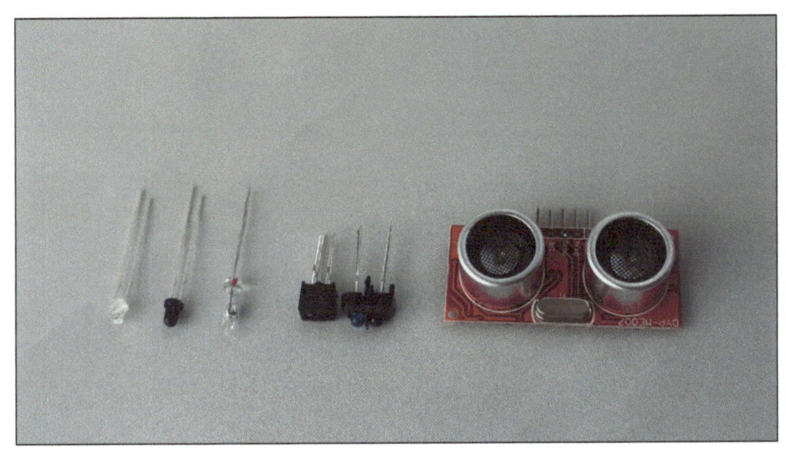

图1-6 机器人上用到的传感器

光敏二极管和红外接收管常见的规格有3mm和5mm两种，为了减小机器人的体积和减轻重量，建议选择直径3mm的规格。这两种二极管的特性很相似，只是红外接收管除了可以对可见光做出反应，还可以感知红外线。给机器人配备上红外接收管，可以增加它在黑暗环境下的行动能力，用家电遥控器（按下任意键）就可以制造出一束红外线，指挥机器人行动。注意这两种二极管都需要配备管座，让光线只能从二极管顶部射入，以增加指向性，降低杂散光线的干扰。管座可以用简单材料代替，书中使用的就是一段黑色热缩管或绝缘胶带。

水银开关是一种机械式传感器，利用水银的导电性和流动性连通或断开密封在一个玻璃泡内的触点。这种开关可以检测物体的倾斜状态，稍加变通也可以检测碰撞（见3.2节《会寻光的机器龟》）。**注意：市场上常见的水银开关都是用玻璃泡封装的，小心不要打破，洒在地上的水银很难清除，且挥发的蒸汽有害健康。**为安全起见，可以把水银开关裹上泡沫塞进笔帽里，并用热熔胶密封好。

反射式红外线传感器由两个封装在一起的红外发射管和接收管组成，一发一收地检测目标是否反光。根据黑色物体吸收光线、白色物体反射光线的原理，可以用这种元件检测画在白色地面上的黑线（见3.1节《基于模拟计算机的循线小车》）。这种传感器在市场上流通的型号很多，书中对它们没有特定要求。这里再传授一个判断管子是发射管还是接收管的小窍门：透明或蓝色的是发射管，深黑色（这种物质起到过滤可见光的作用，只有红外线才能通过）的是接收管。

超声波测距传感器是本书的可选器件，市场上有一种可以作为报警模块使用的超声波传感器，不进行测距时，相当于一个非接触式开关，可以利用它输出的高、低电平直接控制逻辑电路（电路需要作相应修改，适合有一定经验的爱好者），取代机械式触须开关。

除了图1-6中所列的几个传感器，本书中还用到了一种手工制作的机械式触须开关，这种开关的结构非常简单，由一根可弯曲的金属丝（动片）和套在外面的一个金属圈（静片）组成。金属丝碰到前方物体产生弯曲，导致动片和静片碰到一起，开关导通（详见3.1节和3.2节），机器人做出相应的动作。

2 控制器

控制器由控制电路组成，控制电路根据传感器采集到的信号决定机器人需要采取的行动，指挥整个机器人的运转。本书介绍的机器人控制电路使用的是市场上常见的电子元件，阻容元件对精度没有严格要求，电阻可以选择功率为1/8W、误差10%的普通碳膜电阻，电容可以选择小型瓷片、独石或CBB电容，为了减小尺寸，还可以使用贴片电容。晶体管使用普通小功率NPN、PNP三极管就可以，比如常见的8050和8550。

机器人用到的集成电路有4种，均为74HC系列，图1-7所示是我使用过的几个规格的IC，从左往右依次为两个不同厂家生产的74HC14、两个74HC240、74HC86和74HC245。这类IC的供应商非常多，不同厂家生产的IC或同型号带有不同后缀的IC，在特性（比如温度、输入输出和时延特性）上会有一定差异，书中的机器人对此没有严格的要求。**注意：74HC系列IC为高速CMOS器件，为了防止静电损坏，建议在拿取芯片时，先用手摸一下铁质机箱，焊接时使用带有ESD（防静电）标志的烙铁或焊台。**

图1-7　机器人上用到的IC

值得一提的是，74HC14和74HC86是“直给”型逻辑IC，通电后，内部的门电路就可以工作；而74HC240和74HC245内部的缓冲器是受控工作的，需要改变使能端的电平（本书中的高电平指的是电源电压，低电平为地）才能启用相应的功能，灵活利用使能端还可以实现机器人的初级智能控制（见3.1节及以后的内容）。建议读者对照这些IC的手册熟悉它们引脚顺序和内部结构，对设计电路布局和焊接会有很大帮助。

此外，本书还有一个竞赛项目，让两只不同控制核心的爬虫机器人同台竞技，需要用到一片AVR ATmega8单片机（见5.1节《数字PK模拟》）。

3 执行器

执行器通过执行机构（车轮、手臂、腿、机器爪）控制机器人的动作，书中机器人使用的执行器是常见的小型直流电机和模型舵机，如图1-8所示，从左往右依次为RF300型直流电机、迷你电机、N20减速电机、机器人小车电机、两个拆机减速电机和一个9g舵机。

图1-8 机器人上用到的电机

RF300是最常见的直流电机，一般用作光驱和DVD播放机的开仓电机，这种电机的特点是非常耐用，从报废电子产品里拆出来的电机一般还可以使用很长时间，用来做机器人实验非常经济。

迷你电机、减速电机和前面提到的RF300在网上一些专门销售电机和机器人模型的商店里都可以买到，价格一般为一元到十几元不等，减速电机因为带有齿轮箱，价格会高一些。如果资金有限，购买二手拆机电机也是一个不错的选择。另外注意平时多留意身边废弃的电子产品，也会带来许多意外的惊喜。淘汰下来的手机、玩具、电脑、小家电在机器人爱好者眼中，是一个个取之不尽的零件仓库。

网上销售的机器人小车电机带有配套的车轮、万向轮和底盘，可以简化轮式机器人的制作。这种电机价格适中，应用非常广泛，在很多机器人竞赛中都可以见到它的身影。它的“缺点”就是太普通了，很难体现出机器人的个性，为了发掘它的潜力，本书讨论了两个这种电机的变通用法（见2.2节和4.1节）。

9g舵机为普通模型舵机，比如市场上最常见的SG90。因为机器人使用3.7V锂电池供电，建议不要使用对电压要求较高的标准舵机（见5.2节）。

4 电源

机器人的电子部分需要电源才能正常运转，本书介绍的机器人用到的几种电源，如图1-9所示，从左往右依次为太阳能电池板、6V电池盒、小号锂电池、中号锂电池。

图1-9　机器人的电源

太阳能电池板可以把光能转换为电能，在天气晴朗的日子给机器人提供源源不绝的动力，阴天时就让机器人保持静默。这种电池的输出电流比较低，需要配合特别设计的电路才能驱动机器人，可以采用串联、并联的方法得到所需的电压和电流。

6V电池盒可以使用4节5号（AA）电池或4节7号（AAA）电池，为了减小机器人的尺寸、减轻重量，还可以减少1节电池，书中的电路在4.5V电压下也可以正常工作。

锂电池可以重复充电使用，是小型机器人电源的理想之选。市场上有一种作为电子产品维修备件出售的锂电池，这种电池带有端子，配上一个充电器就可以使用。**注意：锂电池使用不当有起火、爆炸的危险，一定要购买正规厂家生产的带有保护板的锂电池，并严格按照要求使用。**

1.1.2　机器人的结构材料

机器人的电子部分需要安装到结构上才能形成一个系统，结构是可以活动的，由电机驱动车轮、手臂或腿等机械部分来实现。本书介绍的机器人的结构均为手工制作，需要用到的材料如图1-10所示。

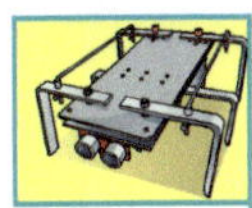

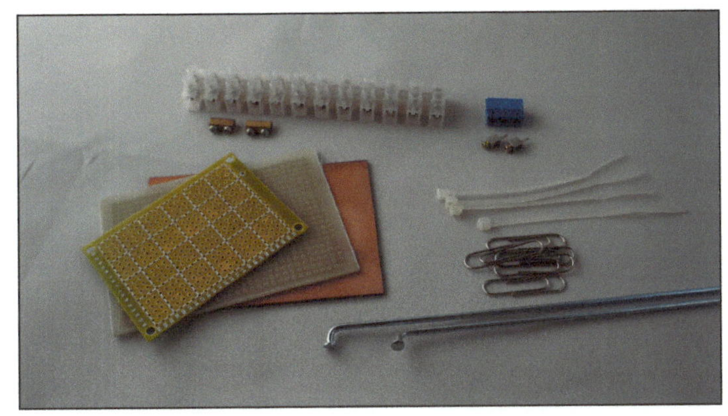

图1-10 机器人的结构材料：3mm接线端子、洞洞板、尼龙扎带、曲别针、车条

机器人结构的制作，充分考虑了身边常见材料的合理利用，装配方法有多种，这些在后面的制作中都会有所体现。结构的固定可以采用多种方法组合的形式，如图1-11和图1-12所示的一个用光盘制作的轮式机器人底盘，就使用了螺丝、尼龙扎带、热熔胶、直接插接、铜柱支撑等多种方法。

图1-11 把两片光盘叠起来，用M3螺丝固定好，电机和电池盒用尼龙扎带和热熔胶固定

图1-12 车轮插接在电机上，洞洞板用铜柱固定在顶板上

灵活利用现有的材料，可以制作出个性化十足的机器人，如图1-13和图1-14所示的一个用曲别针做骨架的寻光避障机器人。

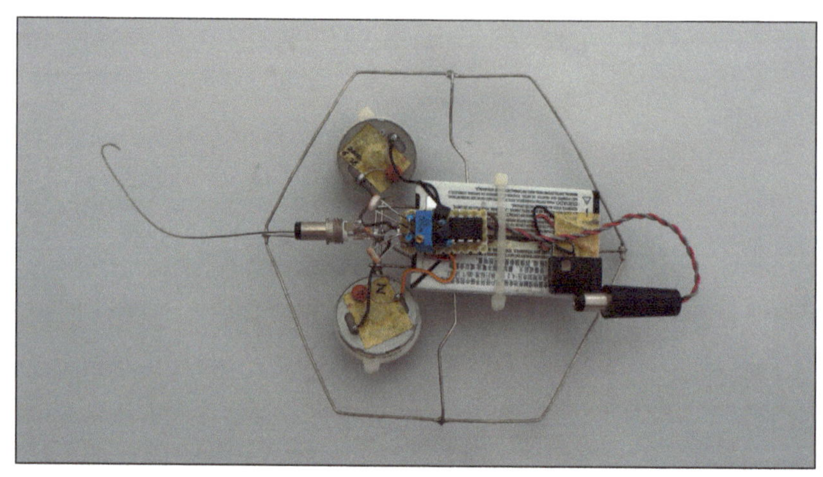

图1-13　由6只曲别针组成的机器人（顶视）

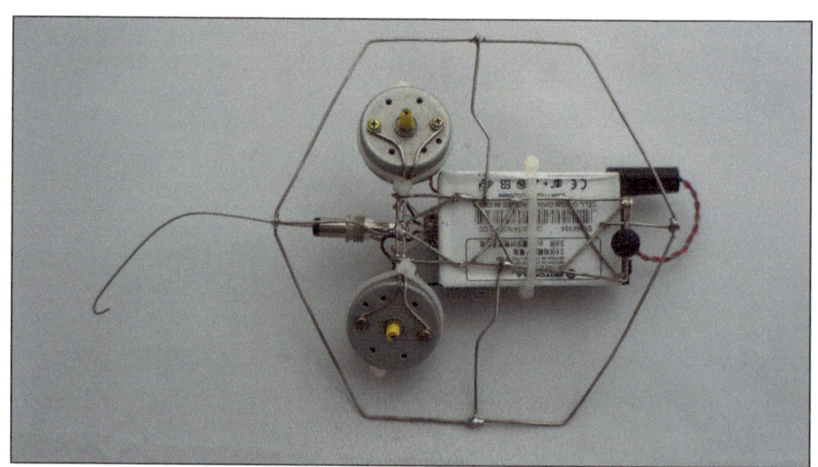

图1-14　电子部分用扎带绑在骨架上，两个RF300电机用螺丝固定（底视）

此外，机器人技术与科学和艺术是分不开的，你一定希望自己制作的机器人是一个智能与美感的综合体。为了使机器人的外形和运动姿态看起来更美观，就要在机械结构的设计和制作上花费相当多的心思。为了使自己的机器人与众不同，通常需要自行设计和加工一些小零件。

为了实现上述这些目标，机器人爱好者必须具备一定的工具操作经验，熟悉常见材料的特性和加工方法。

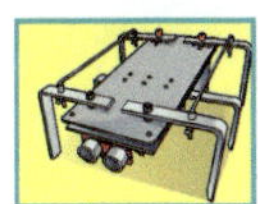

1.2 机器人制作工具

业余制作机器人的工具，与机器人的组成相同，相应地也分为电子装配工具和机械加工工具两大类。

1.2.1 电子装配工具

大多数电子爱好者对这类工具会比较熟悉。为了进行书中所介绍的小型机器人的制作，还需要准备一些辅助工具，甚至是有点“另类”的替代工具，如图1-15所示。

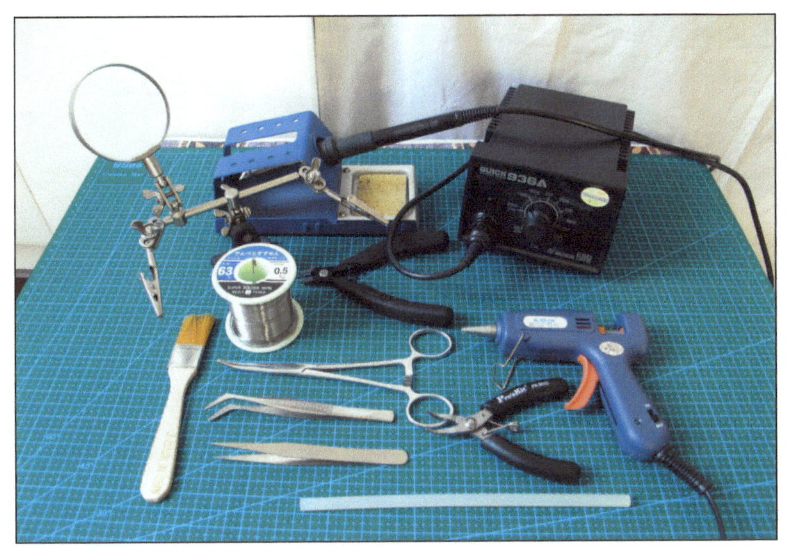

图1-15 制作机器人电子部分经常用到的工具

对于DIY爱好者来说，焊接是制作电路的首要选择。焊接的目的就是用焊料将互相分离的元器件、零部件、导线结合起来，以形成导电通路。焊剂的作用是与锡铅焊料、被焊器件及焊接端子的表面氧化物起化学反应，使被焊接金属原子与焊料表面的原子相互接触，靠原子间的热运动形成合金，当温度降低后，熔融的焊料变成固态，从而将被焊件牢固地结合起来，完成焊接过程。

进行机器人电子部分的制作，主要的工具是焊台和偏口钳。作为一个有着二十多年制作经历的无线电爱好者，我在各个时期使用过当时流行的焊接工具：恒温烙铁、调温烙铁；铜头的、合金头的、长寿头的；5元一只的国产烙铁、100多元的进

口烙铁，直到调温焊台。传统电烙铁的最大缺点是温度不好控制，受环境温度影响大，在机器人制作上会限制爱好者技术的发挥。如前面所介绍，小型机器人是电子与机械结构搭建成的混合体，在焊接时既要面对芯片引脚这类细小的材料构成的电子部分，又要兼顾曲别针、铜片、车条这类比较“大”的材料构成的机械结构部分。为了达到较好的整体焊接效果，在机器人的搭建过程中需要根据材料的不同来调节焊接温度。

焊台的好处是可以迅速（一般小于20s）切换温度。这样我们可以在细小焊点上使用200℃的温度焊接；在大焊点，比如车条或由曲别针构成的机器人骨架上，使用400℃的温度焊接。在焊接时设定适宜的温度，使焊接部位瞬间达到融锡、降温、凝固的效果。速度快可以避免材料表面的氧化，提高焊接质量并保持焊点的美观。

偏口钳或电子剪在焊接过程中的使用频率也很高，主要用来给元器件剪脚。此外还有去除导线绝缘外皮的剥线钳，如图1-16所示。

图1-16　图中从左往右依次为偏口钳、剥线钳（带剪线功能）、老式剥线钳

下面就要提到制作小型机器人必不可少的焊接辅助工具和替代工具了。爱好者在焊接时经常会遇到既要扶稳元器件，又要拿着电烙铁焊接的情形，尤其是一些小零件、贴片元器件，不固定好是无法进行焊接的，烙铁头轻轻一碰或者融化以后焊锡流动的张力都会造成元器件移位。每到这时，都会感觉自己的两只手不够用，此时就需要用到辅助工具了。我们应该熟悉并使用好这些工具，此外还有一些比较“另类”的替代工具。

1 放大镜架子，也称为机器手。这是一种带有两只铁夹子、一个放大镜的小架子，铁夹子可以在把分散的元器件焊接成一个电路或结构的时候，起到辅助

把持的作用，等于给你增加了两只手，操作起来非常方便。需要注意的是，架子上的放大镜一般用不到，建议拆除，防止意外被阳光照射到聚焦，产生安全隐患。

2 **止血钳**。医用止血钳的头部是弯曲的，并带有锁紧功能，如果想在芯片的引脚上进行搭棚焊接，它是最理想的辅助工具。此外还有一点，医用设备使用起来的感觉很酷！就像下面的手术刀一样。

3 **手术刀或雕刻刀**。有时需要对电路上一些非常细小的部位进行修整，这里有两个选择：医用手术刀或模型雕刻刀。这两种刀都具有刀柄与刀片可分离的结构，它们是为切割细小部位而设计的，操作感非常好。随着我们的作品越来越小型化，在装配一个电路的时候真有一种动手术的感觉！

4 **弯头尖嘴钳**。如图1-17所示，这种钳子在手工艺品行业广泛使用，常被用来串女生的手链、弯制挂坠等一些小玩意儿。我们可以把它们作为高强度镊子来用，用它们来给元器件造型。几元钱一只的镊子头部都太软，有时弯折稍硬一点的元器件引脚都会变形。有了这种弯头钳，就不用再为这类问题烦恼了。

图1-17 弯头尖嘴钳，镊子的理想替代品

5 **测试工具**。本书中的机器人电路都非常简单，用万用表就可以完成大部分测量和调试工作了。建议爱好者准备两个万用表，如图1-18所示，一个指针表，一个数字表，要求数字表带有三极管和电容测试功能。指针表的优点是读数快，可以直观地观测脉动电压。数字表的电容测试功能可以在制作神经元电路时给电容进行配对。万用表无需准备很高档的，常见的几十元的国产表就

完全满足制作的需要了。

图1-18　万用表（上方为数字式万用表，下方为指针式万用表）

6 **示波器**。有条件可以准备一台数字示波器，现在国产的数字示波器价格在1000元左右。如果你希望在机器人的制作技术上有所突破，可以考虑买一台好一点的示波器。我们可以利用数字示波器的锁存功能深入分析电路的运行状态，把机器人的“大脑”和“神经”调整到最优状态。

7 **热胶枪**。热胶枪可以迅速搭建起一个结构，几乎可以粘合任何物体，用它来固定电路或导线也非常方便。胶棒融化以后的粘接强度好，拆卸容易，并且不会破坏材料本来的外观。使用热胶枪的窍门是一定不要把枪体水平放置，这样融化的胶质会倒灌进枪体内部，冷却以后造成送料机构卡死。还有在上胶固定的时候，不要一下挤出很多，那样的粘接效果并不牢靠，也不美观。正确的方法应该是边挤压边涂抹，枪嘴是热的，利用枪嘴的热量把胶质均匀融化、涂抹，让其渗入结合物的缝隙里。

1.2.2　机械装配工具

机械结构部分是机器人制作中最难处理的环节。它涉及材料、设计、加工和装配。一些复杂的机构还要考虑运维保养的问题，所以相应的机械装配工具也比较多。图1-19所示是机械装配经常要用到的测量、画线和钻孔工具。

为了使读者易于上手制作，本书中所收录的小型机器人已经尽可能地考虑降低结构部分的制作难度。其中大多数小型机器人只需要用到钳子和剪刀、小电钻、螺丝刀就可以进行制作，只有少数几个结构稍微复杂一点的机器人，如硬盘动物、机器龟、6足爬虫，需要用到台钳、台钻、钢锯这类比较粗重的工具（见图1-20）。

图1-19 机械装配经常要用到的测量、画线和钻孔工具

图1-20 在家中建造的小型金属加工中心，包括台钻、台钳、钢锯、锉等工具

机械结构的加工涉及下料、打孔、削磨、钣金等一系列借助电动工具和双手来操作的工作，材料的加工过程有一定的危险性，并且会产生大量的金属屑、粉末等。与电路焊接不同，电路中一个元器件焊错了或者焊得不好，可以拆掉或者补焊，而

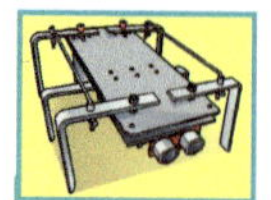

金工的一个零件测量有误或者钻孔打偏，就会是无法弥补的错误。所以在进行金工操作时一定要耐心细致，做好安全防护（常用的安全防护工具见图1-21），并且经常保持工作环境的整洁。在家中安置这些设备应尽量选择光线充足，平时不经常走动的死角。

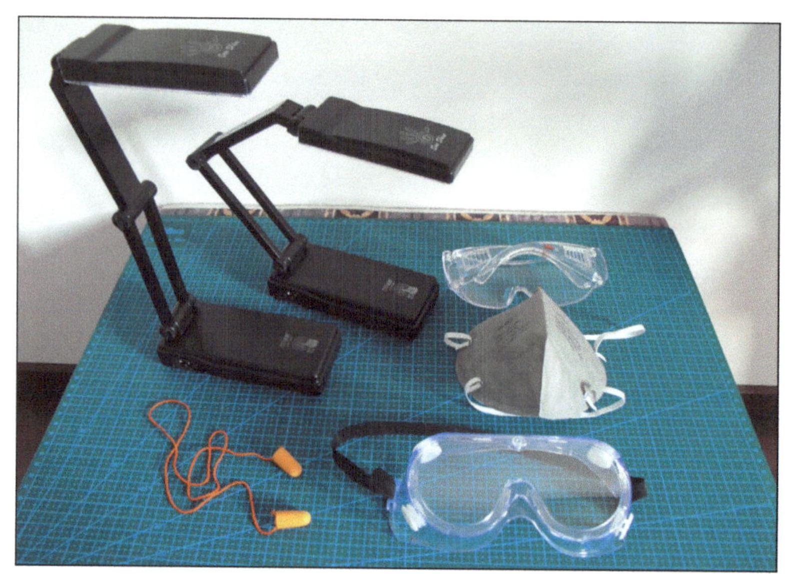

图1-21　安全防护工具：可以自由移动的充电台灯、护目镜、口罩和耳塞

下面说一下这个“加工中心”必备的几样工具和我的使用经验。

1 台钳

加工中的材料简称为工件，工件的大部分加工，比如锯、锉、折弯都是在台钳上完成的。台钳以钳口的宽度为标定规格，可以根据待加工材料的大小来选择适合自己的规格，一般使用75mm的就可以完成大部分零件的制作了。我的加工中心准备有两只台钳，一只75mm，一只120mm。

台钳的底座上有3个固定孔，需要通过螺栓固定在一个平稳坚固、高度适合操作的工作台上。工作台可以用小桌子来代替。台钳由活动钳身、固定钳身、底座和丝杆构成。活动钳身安装在固定钳身上，通过手柄带动一根有螺纹的丝杆来带动在固定钳身槽内移动，使钳口能够开合。固定钳身连接在底座上，底座固定在工作台上。常见的台钳为自由旋转的类型，钳口可以在底座上旋转一定角度，并能通过底座上的锁紧手柄将钳口的位置锁定。

台钳具有两个增力机构，一个是手柄的增力，一个是螺纹传动的增力，增力比非常大，使得钳口可以可靠地固定住工件，从而保证在工作时工件不会发生任何移动。因为夹紧力比较大，可能会夹伤工件表面，所以需要在工件和钳口之间垫上牛皮纸等材料以保护工件。

与台钳配合使用的工具有钢锯和什锦锉，如图1-22所示。

图1-22　台钳、钢锯、什锦锉

钢锯的作用是切割材料。注意一个细节，在给锯弓子上锯条的时候，应该把锯条的尺牙朝前安放。在锯的过程中，可以用左手扶住锯弓子前部，配合右手辅助推拉，这样可以保证材料切割面的规整。比较薄的材料，比如1mm厚的铁板、铝合金板也可以直接使用铁剪刀来裁切。

什锦锉的头部有多种形制，经常用到的是平头扁锉、尖头扁锉、方锉、圆锉、圆边扁锉这几种。购买什锦锉时可以按长度和直径来选择，建议3mm × 140mm和5mm × 180mm规格的各备一套。借助什锦锉，可以完成大多数零件的精细加工。例如把台钳上固定的工件加工出特定的斜面、弧面，扩大钻孔直径，或者锉出机箱电源座的长方孔、按键的方孔等。

工件的折弯可以借助一根硬质木条来完成。先用台钳固定好工件，再在钳口上用木条抵住工件，然后双手在木条的两端同时用力把工件弯折到需要的角度。木条的作用是使加工部位受力均匀，防止弯折线的中间凸起。

2 钻床

钻床也称台钻，是一种体积小巧、操作简便的小型孔加工机床，如图1-23所示。钻床比手枪钻有更好的操作性和加工精度，工作效率也更高。拿常见的蜘蛛形或者蛇形机器人来说，加工出一只这样机器人所需的全部金属零件，给材料打孔的总数会超过100个，而且舵机和机械连杆部分的孔对垂直精度有着非常高的要求，这些工作用手枪钻是很难做到的。

钻床钻孔的直径一般在13mm以下，最大不超过16mm。购买钻床时可以按它可以固定最大钻头的直径规格来买，和店家说13mm的钻床，他就会知道。需要注意，钻床最大的钻孔直径不要太大，即使是13mm的钻床，也不要用它钻超过10mm直径的孔。如果一个零件需要加工一个较大直径的孔，可以把它夹到台钳上，借助什锦锉来扩孔。我的钻床规格是13mm的，用来加工2mm以下的铁板和6mm以下的铝合金板，能够满足大部分制作的需要。

图 1-23 钻床

与台钳一样，钻床也需要安放在一个平稳的工作台上。工作台的高度以操作时双眼可以清晰查看加工中的工件为宜。小型钻床的主轴是垂直布置的，主轴的给进需要手动操作。如上面提到的，使用电动工具加工金属材料具有一定的危险性，应该选择环境光线适合的时间段，戴好护目镜，集中精力进行操作。钻孔的工件需要借助G形夹子与钻床的托板装夹牢固，小工件可以用平口钳辅助夹持，千万不要直接用手拿工件操作以防危险。钻薄金属板时，托板上需要垫一块木板，钻头快要钻透工件时，主轴的给进要慢，轻施压力，以免折断钻头，发生意外。

3 加工流程

我的加工流程一般分成这样几步：首先在材料上用油性记号笔画出每个工件的轮廓，在需要打孔的地方做好标注；然后上钻床给整块材料打孔；最后是把材料切割成各个工件，上台钳用什锦锉做最后的精细修整、折弯。

工作中产生的碎屑要及时清理。我用罐头盖做了一只小簸箕，配合小毛刷把金属屑收集到铁桶里，如图1-24所示。非金属的碎屑可以用吸尘器清理。

机器人技术是一门综合性很强的学科，即使作为一项业余爱好开展下去，也大

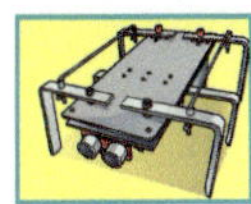

有益处。一个机器人模型就好比一个小型系统工程，有时候一个小项目就需要调动大量资源，需要爱好者掌握扎实的基础知识，拥有丰富的实践经验。希望每一位读者都可以在接下来的内容里享受到属于自己的乐趣，不要害怕在制作过程中遇到困难，排除困难意味着可以学到新的知识。如果有一个技术问题反复困扰着你，不要操之过急，停下来换个心情重新来过，别忘了我们开展机器人制作的初衷——学习知识并享受制作的乐趣。

图 1-24 用小毛刷和小簸箕收集碎屑

最后，别忘了最重要的一点：安全第一！不管是使用手动工具还是电动工具，操作不当都存在一定的危险性，初学者请在专业人士的指导下开展制作，并做好安全防护工作。

第2章

用分立元器件制作的机器人

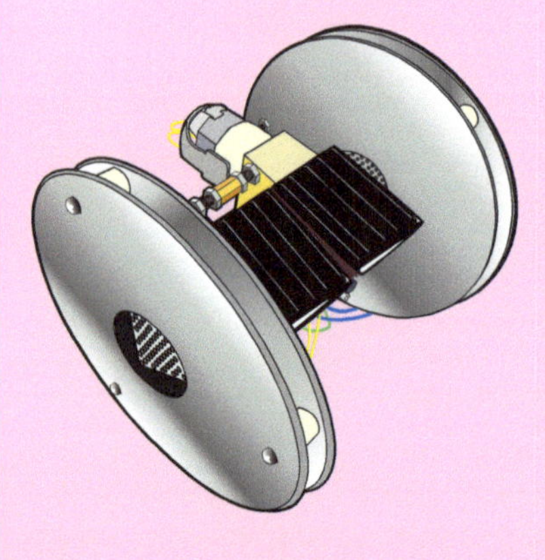

在制作了多个结构简单的初级机器人以后，我经常会发出这样的感叹：“玩了这么多年电子，直到接触到机器人技术，才发现基础电路也可以这么有趣！”

本章将从电子爱好者最熟悉的基础电路和三极管、电阻、电容这些常见常用的电子元器件出发，介绍从阳光中获取能量的太阳能引擎的制作方法，并把这种具有初级智能特征的电路安装在机器人机械结构上，控制小型移动式智能机器人的运转。

2.1 太阳能陀螺

太阳能陀螺是本书介绍的第一个机器人。它的特点是结构巧妙、好制作、易实现，适合刚入门学习机器人的爱好者进行制作。

太阳能陀螺将实现以下的功能：

（1）在阳光下自动运转；

（2）碰到障碍物后转向；

（3）在无光环境下静默。

这是一只最简单的自主运行机器人，它不像居家电器一样需要电源开关，也不需要人工维护，可以24小时运转。

太阳能陀螺的寿命取决于运转环境和材料寿命。太阳能电池的寿命一般为6年，电解电容干涸失效的时间一般为3年。电机电刷和轴承的磨损、潮湿的环境腐蚀都会加速机器人的老化。我的第一只太阳能陀螺是在2010年夏天制作完成的，我把它放在家里阳台一个阳光可以晒到的小台子上，至今这只太阳能陀螺仍然保持着日出而作，日落而息的转动，仿佛在不停地提醒我：它不是一个机器，而是一个生机勃勃的生命体。

小型机器人所需要的很多材料都可以从生活用品或废旧的电子产品里获得，在制作中尽可能利用周围一切可以利用的资源，你会发现很多意想不到的乐趣。资源再生是当今社会的热门话题，对再生资源的合理利用，是一个充满了智慧的过程，推动着产业科技的发展。爱好者可以从书中这些机器人制作实例中，体会到其中的冰山一角。

购买现成的材料来制作这个太阳能陀螺，它的造价也不会超过一顿午餐。

不论你是电子爱好者，还是机械或模型爱好者，看完本文都会有所启发。

2.1.1 工具和材料

工具的选择和使用是一门学问，使用正确的工具可以事半功倍。下列是进行制作所必需的工具。

工具：

- 电烙铁或焊台、焊锡
- 放大镜架子
- 剪刀
- 偏口钳
- 万用表
- 弯头尖嘴钳（可选）
- 雕刻刀（可选）

以上都是常用工具，可以在本地电子市场购买或者网购，其实物图如图2-1所示。为了保证操作安全，需要给电烙铁准备一个专用的烙铁架。本文的制作比较简单，焊接的环节也不多，使用传统电烙铁就可以了。如果你想开展更多的机器人制作，建议购买一部焊台。国产工具良莠不齐，不顺手的工具会让你完全没有制作心情。选购工具前尽量多问问业内人士，网购要做好功课再下单。

图2-1　进行制作所必需的工具

制作太阳能陀螺所需的材料如下。

材料：

- 曲别针，6个
- 微型电机，1个
- 2200μF电解电容，3个
- NPN三极管，1个
- PNP三极管，1个
- 2.2kΩ 电阻，1个
- 单闪LED，1个
- 导线，若干
- 尼龙扎带，2根
- 电压4V以上、电流10mA以上的小型太阳能电池板，1块
- 洞洞板，1片

为了增加制作乐趣，建议尽量搜集身边的材料，实在没有再去买。从废电脑、电话、手机、游戏机里，我们都可以拆出有利用价值的材料。我认为，搜集材料的乐趣不亚于创作的乐趣。

三极管可以使用常见的小功率塑封管，如8050、8550。微型电机可以使用废

光驱里面的仓门电机。现在市面上有一种环氧纤维材质的薄洞洞板，可以用剪刀直接裁剪，强度好、重量轻，建议多准备几片，在后续的制作里也会用到这种洞洞板。

2.1.2 太阳能陀螺的电路

图 2-2 所示是一个经典的BEAM机器人的太阳能引擎，它的功能是把光能转换成足够驱动小电机的脉动电压。感兴趣的读者可以在网上搜索“BEAM Solar Engine”获得更多的信息，本书着重介绍具体的制作方法。

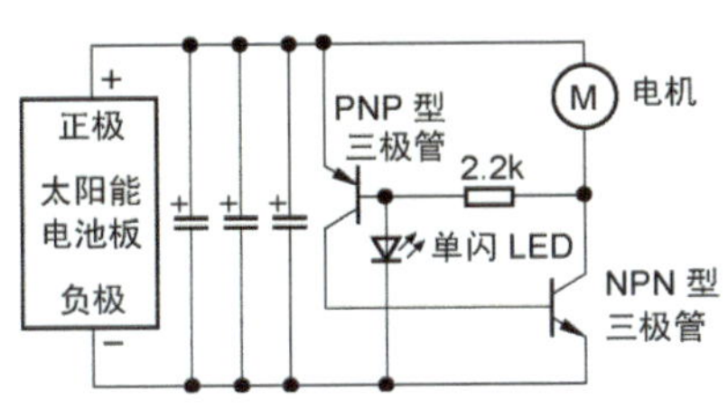

图 2-2 经典的BEAM机器人的太阳能引擎

值得一提的是，太阳能引擎具有类似生物神经的特性。制作完成后的太阳能陀螺，相当于一个基于随机振荡器的阈值设备。该设备具有一个触发电压的上限阈值，和一个关闭电压的下限阈值，触发和关闭的周期受电机负载的影响。在关闭状态下，设备还受到光线的影响。机器人与外界环境之间建立的是一种动态的衰变关系。

注：BEAM是Biology（仿生）、Electronics（电子）、Aesthetics（艺术）、Mechanics（机械）的缩写。

2.1.3 制作

首先制作太阳能陀螺的机械结构部分。机器人的制作不同于纯电路的制作，机器人是一个电子-机械的结合体。机械结构部分的制作考验制作者的手工和空间想象能力，我们的目标是在实现功能的前提下兼顾美观。

1 首先把洞洞板剪成一片等边三角形。要求三角形里面可以放得下3个2200μF电解电容和微型电机，电机安放在3个电容中间的位置，并与电容保持2mm的间距。

2 将3个电解电容对称安装在洞洞板的3个角。电容的正极在洞洞板的外侧。把3根曲别针拉直，首尾衔接弯成一个圆形外框。圆环内放置储能电容、电机和电子部分，太阳能电池安置在圆环上。圆环有3个作用：第一是用作储能电容的汇流母线；第二是保护环内的电子核心；第三是当圆环碰撞到障碍物时，造成机器人重心的变化，进而改变机器人的运动方向。下一步是在洞洞板上焊接电子部分。将3个电容的正极向外辐射延伸出来，与圆环焊接在一起。在洞洞板的中间位置，焊接好太阳能引擎电路。

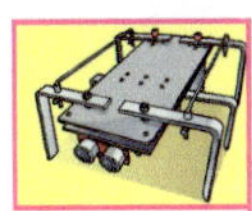

3 将电容正极向外展开，焊接固定好。

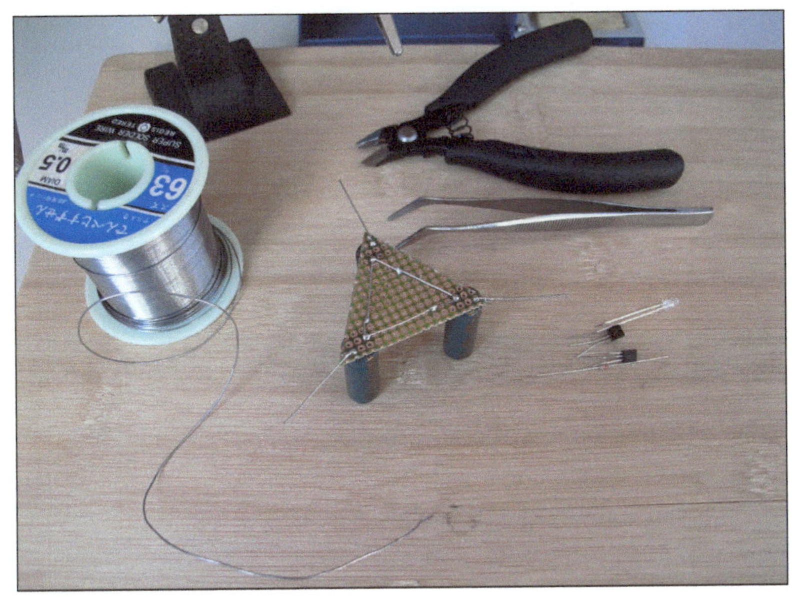

4 继续将曲别针构成的圆环焊接在电容的正极。

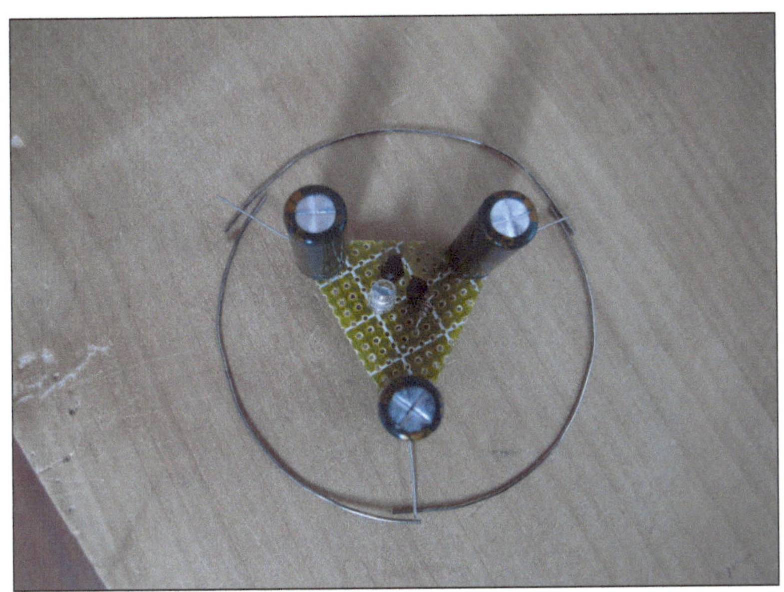

5 用余下的3枚曲别针，弯成3个固定电机的支架，把电机包在架子里。注意曲别针插入电机螺丝孔里的那一端不要留得过长，否则会阻碍电机转子的运转。

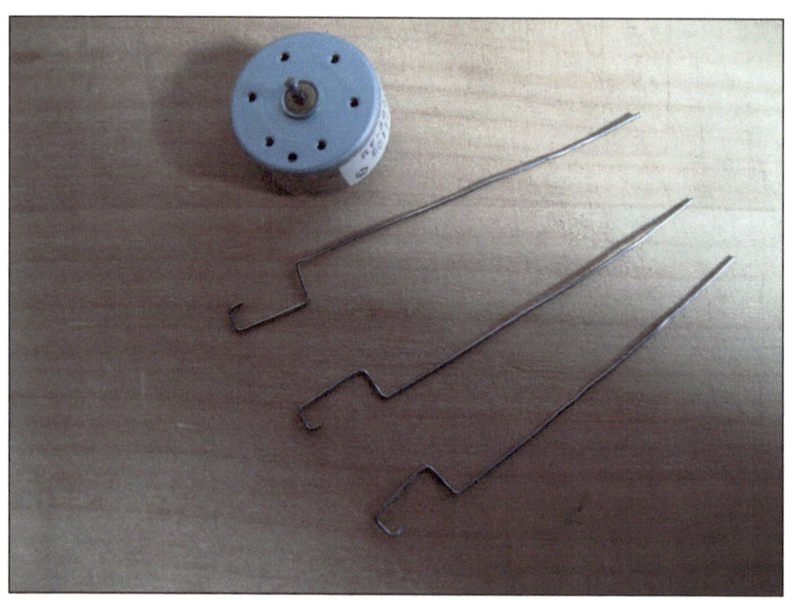

6 下图为支架与电机之间的配合示意图。

7 要求支架恰到好处地把电机包围起来。剩下的工作是进行最后的总装。用尼龙扎带固定好构成电机支架的3枚曲别针，利用曲别针把电机和三角形洞洞板结合到一起。这里可以不管电机的极性，最后只是陀螺正、反转的区别。注意电机轴的末端和3个电容的顶部不在一个水平面上，应该使电机轴稍微高出电容顶部一些。把制作好的骨架平放在桌面上，圆环应该和桌面有一个倾斜的角度，除了电机轴，还有两个电容着地。这样电路触发电机启动时，

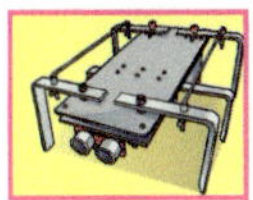

太阳能陀螺是做弧形运动的；当圆环在运动的方向碰到障碍物时，机器人的倾斜方向就会改变，着地的电容就会改变，弧形运动的方向就跟着改变了。如果电机的轴比较细，可以把从电灯线剥下的塑料外皮套在轴上，增加其与地面的摩擦力。在每个电容接触地面的地方，用双面胶贴上一个塑料片，可以保护电容和减少运动阻力。

8 用尼龙扎带将电机和支架绑在一起，固定在洞洞板上。注意调整好电机高度。

9 将太阳能电池用单芯网线连接到洞洞板的电路上。网线比较硬，具有一定的定型效果，将网线盘起来，使太阳能电池位于机器人顶部的中间位置。至此，太阳能陀螺就大功告成了。

10 在制作过程中，我剥去了电容外壳的塑料皮，使机器人整体看起来银光闪闪的，非常漂亮。图为组装完毕的机器人底部。

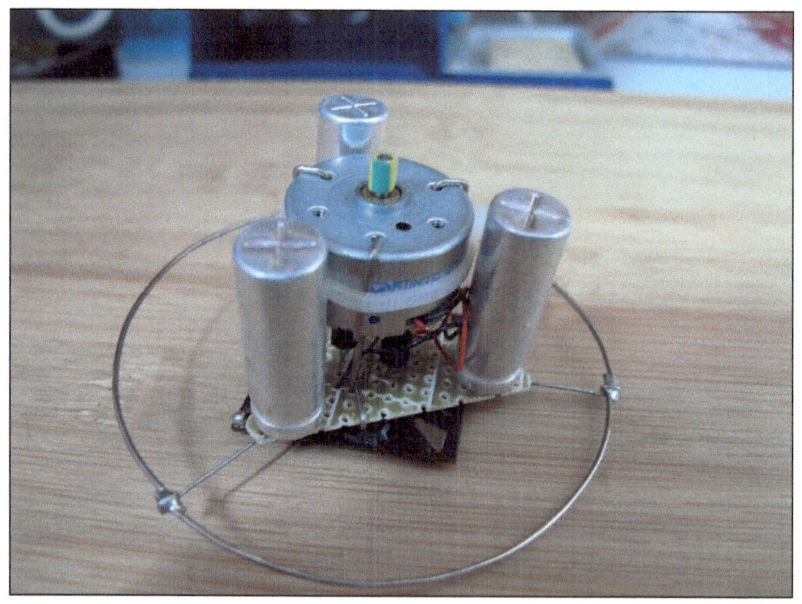

11 下图为太阳能陀螺顶视图。

12 整个机器人非常小巧，可以放在手掌上。

2.1.4 调整技巧

将太阳能陀螺放在阳光或白炽灯下进行测试。正常的情况是LED闪动几下以后，电机带动整个骨架旋转。下面是几个可能出现的问题和解决办法。

（1）电机转一下就停止，电路不再触发。

电机灵敏度太高，尝试在电机两端并联一个几十欧姆的电阻。

（2）电机不转，LED也不闪。

太阳能电池板的电压太低，或接线错误。

（3）LED常亮，不闪，电路不触发。

尝试用不透明的胶布包裹LED。

（4）电机嘶嘶响，但是不转。

储能电容容量过大，尝试减小储能电容的容量。经过我的实验，耐压高、体积大的储能电容用在这个机器人上效果最好。

可以在机器人的结构上动动脑筋，把它的外形制作得更独特一些：起到碰撞保护作用的外框，可以设计成六边形或者八边形；可以用一整张洞洞板制作机器人的外框；还可以在外框上设计一个固定圆珠笔芯的结构，使其可以在白纸上记录机器人的运动轨迹。试试用更好看的材料，比如硬盘片来制作机器人的骨架兼外框。

2.2 双细胞硬盘动物——让身边的e-waste变身为光彩夺目的艺术品

E-waste就是大家常说的“电子垃圾”或“电子废弃物”，废弃不用的电子设备都属于电子废弃物。现在电子产品更新换代非常快，不知不觉，身边就出现了各种各样用不到的电子产品。如果把这些过时的电子产品直接丢弃或者当作废品处理，未免有点可惜，也不利于环保。笔者对这类物资一直情有独钟，从造价

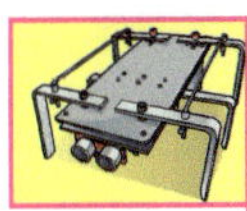

上来说，它们基本是零成本，而如何才能利用好这些垃圾中的精华，又是颇费心思的一件事情，这非常符合我这个电子爱好者的口味。接下来就给大家介绍一个低成本、高娱乐性和观赏性的硬盘机器人。它的主要材料取自废弃的硬盘、淘宝上打包促销的廉价元件和生活中常见的一些小材料，造价不足15元，耗时一个周末制作完成。

作为一名制作爱好者，《Make》杂志的网站是我经常光顾的地方，里面的制作项目和涉及的门类可谓是五花八门。我按照自己的体会把它们归纳为两大类：一类是吸引观众眼球的“准”艺术品，一类是实用项目。不管是哪类题材，都大量融入了可持续利用、资源再生这些环保的制作理念。爱好者们的制作全部构思巧妙、造价低，发掘材料的潜力，让观众有所触动。其实，节能环保也正是当今整个制作一族乃至全球所倡导的一种文化，作为DIYER，我们可是有着得天独厚的优势。于是，我在完成一些高成本的制作之后，也想多花一些心思来进行这类题材的制作。

2.2.1 备料

废物利用，说得简单，但是当我要按这个思路去设计一个制作时，各种各样的麻烦就来了。首先是找不到理想的材料。我的设计是利用一对太阳能引擎组成一个双细胞的BEAM机器人。在造型上想做得艺术一点，特意把车轮夸张了。在车轮的选择上本打算用废CD盘片，但是总觉得不够满意。在这个塑料制品一统天下的时代，我对塑料有一种本能的抵触，何况一个机器人的主体如果用塑料构建起来，总是少了点机械的味道。后来偶然在5iMX论坛看到模型爱好者用硬盘的盘片做四轴飞行器，真是太漂亮了！硬盘天生丽质，外观看起来就具备高科技的感觉，于是我的车轮就也用硬盘了。可是先后拆了自己淘汰的几块硬盘，发现它们的盘片都是玻璃的，无法打孔。

说来也巧，单位的一台惠普LC2000服务器坏了，要做报废处理。我印象里这台服务器在2004年我到这个单位的时候就有了，而那个时候玻璃盘片的技术还没流行，于是就找IT部门的朋友要了回来。那个朋友还特别嘱咐硬盘可能有涉密数据，要我小心处理，我则是和他打包票肯定让它尸骨无存。

下面的事情就是拆解硬盘，提取里面有价值的材料了。记得小时候拆各种家用电器基本是一把改锥走遍天下，现在随着制造业的发展，拆一件电子产品也变得越来越富有挑战性了。对于废物利用，我建议大家应该具有拆装工厂的概念。我们虽然是在家做一些业余爱好的小制作，但是工具和环境一定要保证是最好的。

电子垃圾一般情况下对人体是无害的，但是为了健康，还是要做好安全保护。老型号的硬盘内部除了采用温彻斯特技术以外，还有可能充入惰性气体保护盘片。所以拆硬盘时建议戴好口罩和护目镜（见图2-3），在通风的环境下操作。为了拆解细小部位的零件，我还准备了两台可充电的台灯，移动着使用非常方便。桌子上垫的是一张A2幅面的模型切割垫，一是为了保护桌子，二来垫子上预制的标尺也起到辅助测绘的作用。

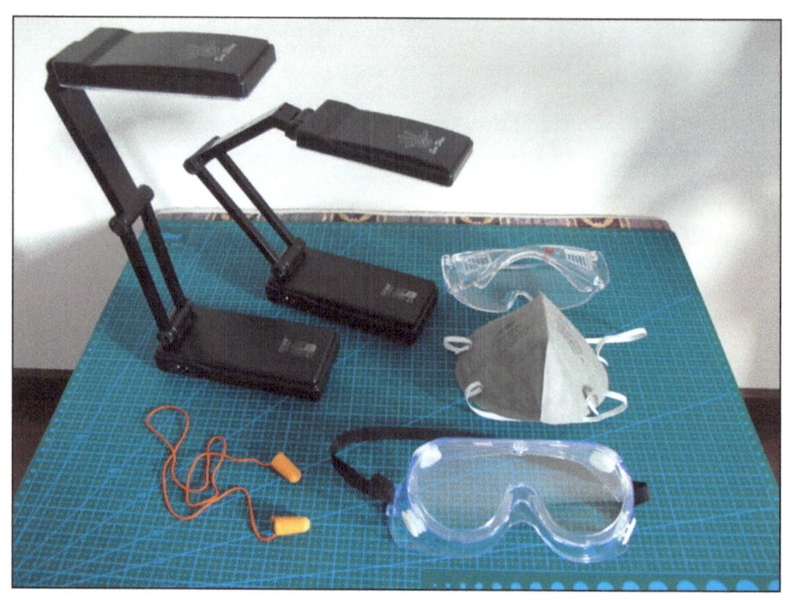

图2-3　口罩、护目镜、台灯、切割垫

为了从电子垃圾中拆出可以用的材料，还需要准备一些平时很少用的工具，如图2-4所示。拆硬盘，必须使用的工具是梅花头螺丝刀，一般拆外壳的固定螺丝使用T8规格的螺丝刀，拆机芯里面的小结构使用T6规格的。硬盘的主轴上有一个Ω形卡子，用镊子或两只牙签把卡子拨开，再用平头螺丝刀撬开盘片的压片，就可以取下盘片了。老式硬盘的主轴结构是一个盘片、一个压片间隔放置的。从这个硬盘中，我拆出了5片铝质盘片，如图2-5所示。

图2-4　用梅花头螺丝刀、镊子、平头螺丝刀拆开硬盘

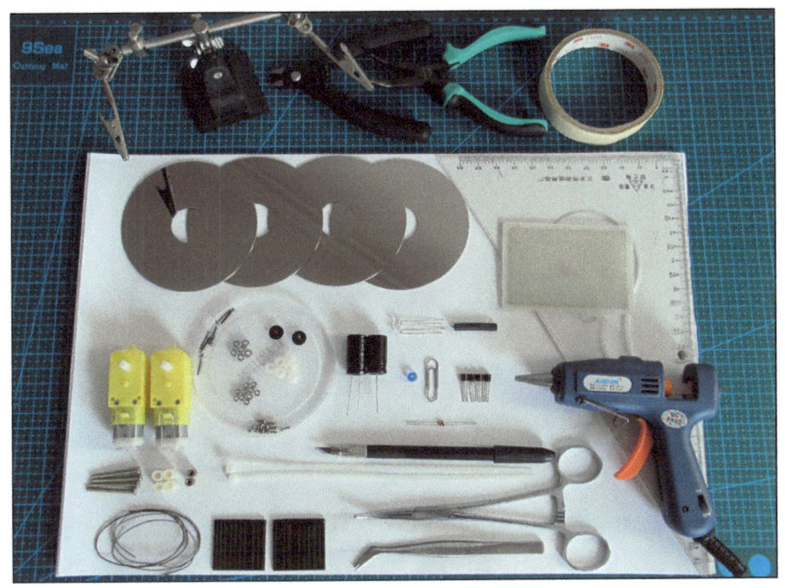

图 2-5　拆出 5 片铝质盘片

其他材料就是一些常见的东西了，基础电子元器件、减速电机这些大家都不陌生了。

材料：

- 硬盘片，4 片。硬盘比较薄，我用游标卡尺实测厚度为 0.8mm。为了使车轮转起来更稳定，我采用了双层轮片的结构，每侧使用两片硬盘片组成车轮。
- 2N3904，NPN 型三极管，2 个
- 2N3906，PNP 型三极管，2 个
- 单闪 LED，3mm 或 5mm，2 个。LED 作为太阳引擎的触发元器件，应该怎么选择，我曾经和我的朋友 PVCBOT 讨论过这个问题。一般淘宝上卖的单闪 LED，3mm 或 5mm 的启动电压都在 2.7V 左右，再加上三极管 PN 结的 0.7V，需要配 4V 以上的太阳能电池才能获得比较好的效果。还有一种方案是使用常见的单色 LED，这种 LED 的电压一般在 1.5~2.5V，可以选用低压的太阳能电池，比如 3V 的。但是需要注意，单色 LED 的点亮电流比较高，需要太阳能电池能提供足够的电流。
- 2.2kΩ 电阻，2 个
- 4700μF/16V 电解电容，2 个
- 5V 太阳能电池，2 块
- 减速电机，2 个
- 曲别针，1 枚
- 通孔玻璃珠子，一颗。使用手工制作穿手链的珠子就可以，我在附近的十元店花 2 元钱买了一把。
- 尼龙扎带，2 根
- 导线，适量
- 紧固螺丝、螺母、通孔铜柱、垫片，适量
- 洞洞板，1 片。用于制作电机和轮子的轴连器。

备选：

- 热缩管
- 热胶棒

工具：

- 记号笔
- 三角尺子或量角器
- 胶带，选择容易揭下、不留残胶的胶带。我使用的是3M纸基胶带。
- 台钻
- G形夹子
- 手锯
- 焊台，焊锡
- 电子剪
- 弯头镊子
- 放大镜台，注意，为了安全起见，最好把放大镜拆掉，反正平时焊接时也很少用到放大镜。此举可以防止阳光意外照射到镜片产生聚焦，发生隐患。
- 螺丝刀
- 弯头钳子

备选：

- 热胶枪
- 雕刻刀
- 电吹风

2.2.2 制作

1 硬盘的内孔比较大，无法直接安装在减速电机上，首先要给它做一个轴连器。同时还要打好双层盘片（车轮）的固定孔。硬盘表面太光滑了，像镜子一样，用记号笔根本写不上字。我使用纸基胶带将4片盘片叠在一起，再画定位标记，加工好以后再揭去胶带。盘片内孔附近的3个标记是打轴连器安装孔的，外沿的3个标记是叠加双层盘片的。标记要尽量精确，我使用的是120°等分法，顺便又复习了一遍初中几何。如果使用量角器，这个步骤会比较简单。

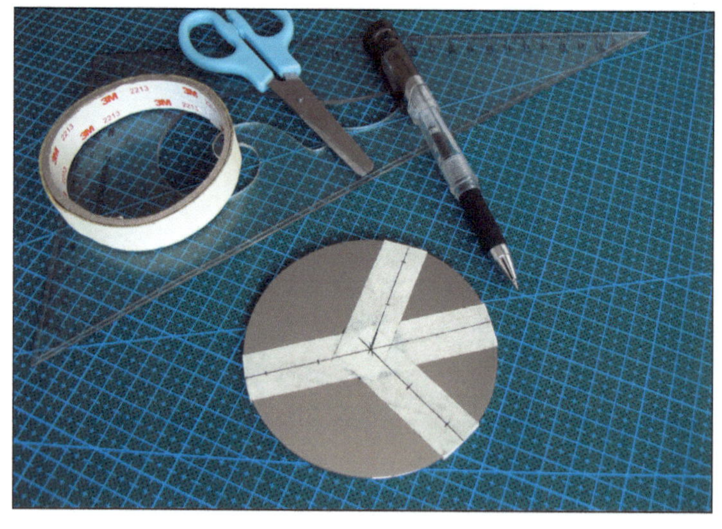

2 继续画好轴连器的标记。我使用材质较好的洞洞板来制作轴连器。简单说，就是用这样一片材料堵住硬盘片中间的窟窿，再借助这片材料固定减速电机的主轴，下文会有详细说明。

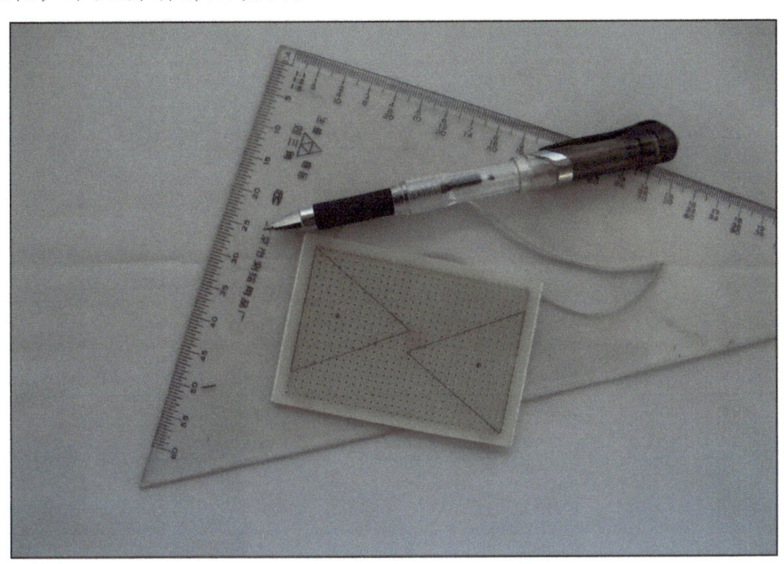

3 开始摧残硬盘（IT部的那位朋友要是看到这个镜头，肯定对我是一百个放心了，哈哈），按标记好的位置，一次打穿4片盘片。注意硬盘很光滑，钻孔时用力要缓慢，防止盘片之间打滑错位，造成孔对不上的问题。这个步骤建议使用台钻，先用小钻头打先导孔，再进行扩孔，会比较容易，这也是我一再推荐制作爱好者准备一部台钻的原因。此外还需要注意，硬盘的材质是比较硬的合金铝，钻孔的时候会产生飞屑，最好降低转速，缓慢进刀，并佩戴好护目镜和口罩。

4 裁切洞洞板，制作轴连器的结构件。因为材料比较小，建议使用加持工具固定好再切割，我使用的是一只木工常用的G形夹子,C形夹子也可以使用。建议爱好者准备几只这样的夹子，以后的制作中会经常用到。这种小型加持工具配合台钻给小零件钻孔也很安全。我给自己准备了6只2英寸的G形夹子。

5 给轴连器钻孔，因为材料比较小，可以使用平口钳子辅助压好，再进行钻孔。这个步骤也可以放在裁切之前，在一张大板子上钻孔要容易得多。

6 轴连器与内侧车轮是这样固定的。注意中间的孔一定不要打偏，否则机器人走起来是不稳的。洞洞板上预制的焊孔可能会干扰固定孔的对位，所以这个材料并不是上佳之选。如果使用盲孔的板材，或者使用易拉罐的底壳，会更好一些，大家可以根据自己的喜好来制作。

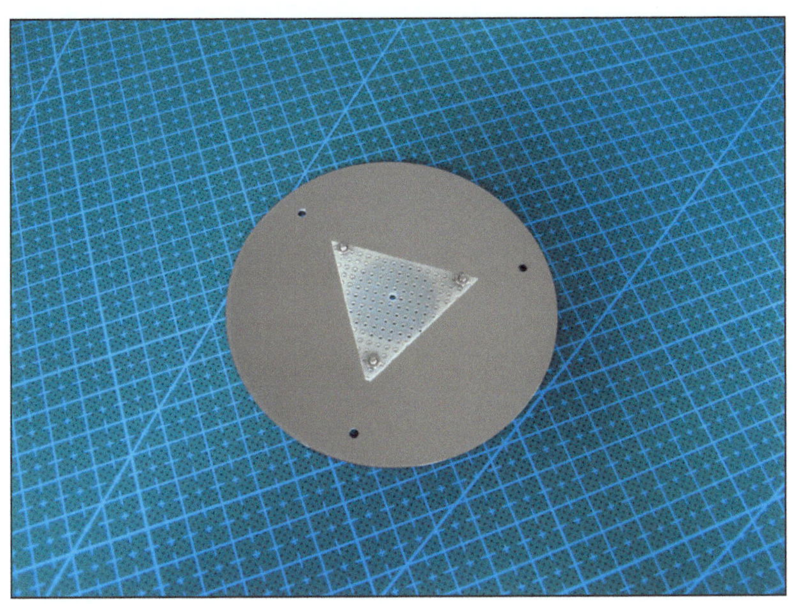

7 叠加上外侧车轮并固定好，在盘片的外沿用3颗螺丝固定好，中间垫上适当厚度的垫片。

8 从这个角度可以看到内外侧车轮和衬垫的组合方式。

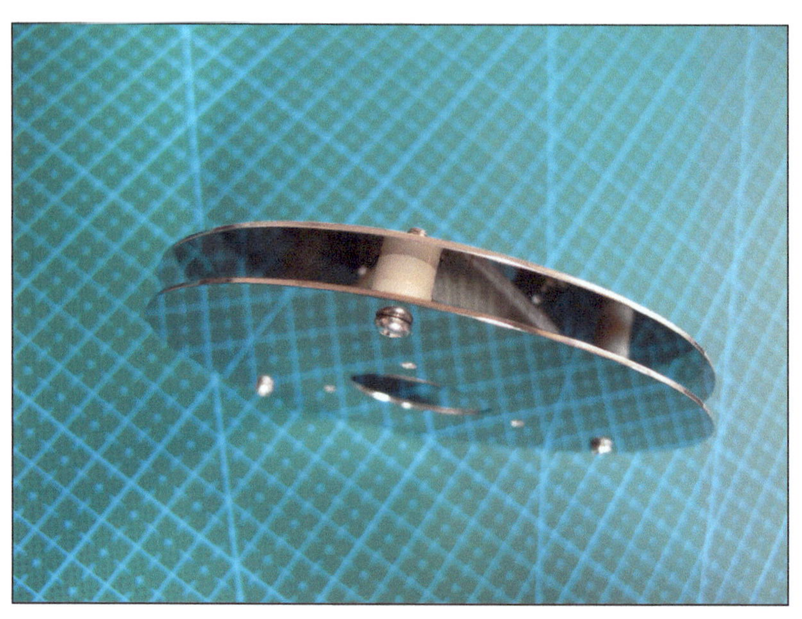

9 机器人的传动部分是一对减速电机，用螺丝、通孔铜柱把它们连接在一起。注意太阳能电池将安装在电机上方，所以电机的间距要容纳得下这两块电池板。

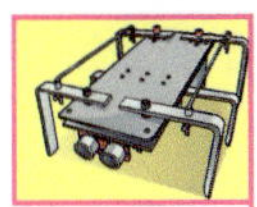

10 用曲别针和玻璃珠子做好机器人的支撑轮。减速电机的尾部重心比较大，需要借助这颗珠子做它的辅助支点。我测量过淘宝上常见的这种减速电机配合上5英寸硬盘片的高度，用一根曲别针弯出来刚刚好。

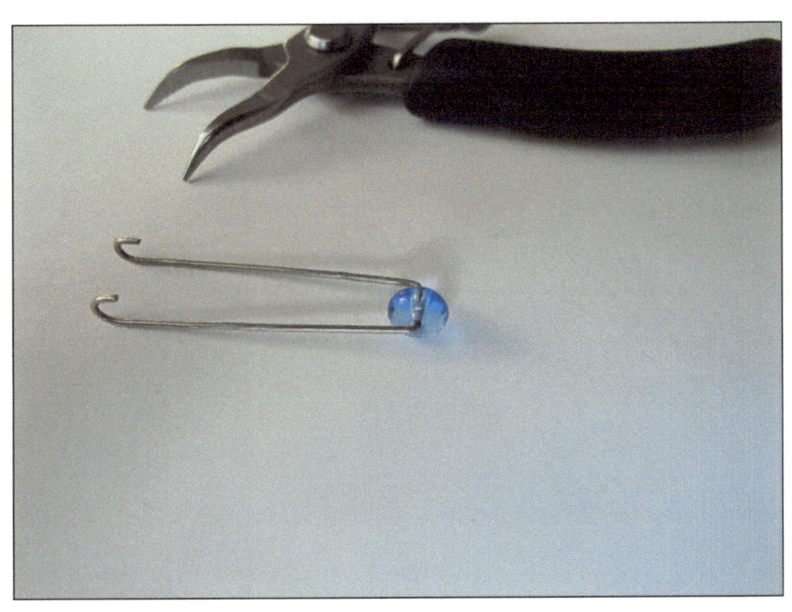

11 机器人的结构件全部准备好了，下面开始组装。

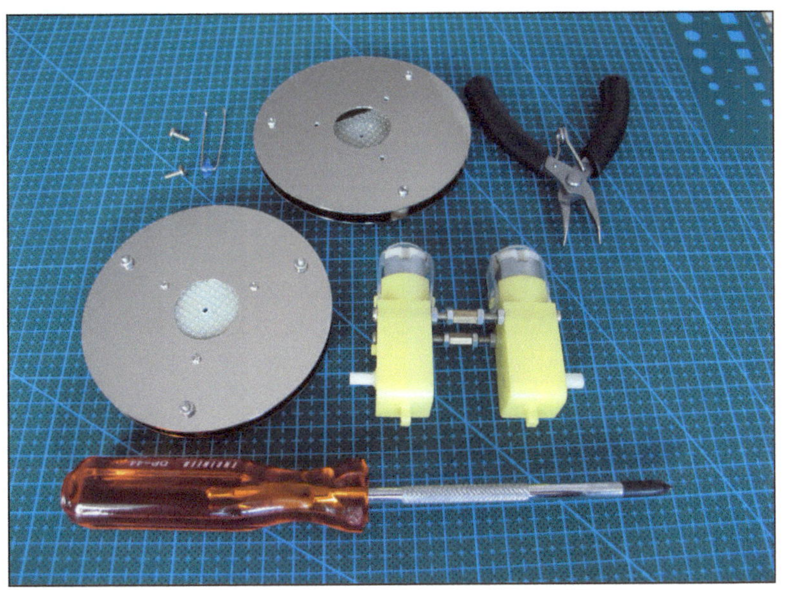

12 用两只自攻螺丝将轴连器和电机输出轴固定在一起。如果觉得强度不够，可以在结合部位适当加入热熔胶辅助固定。图中为固定好的一侧车轮。

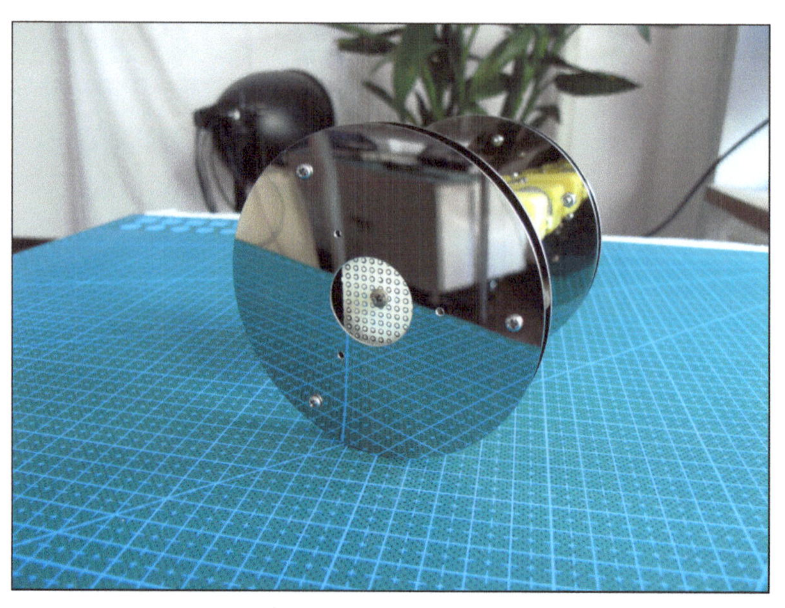

13 从这个角度可以看到玻璃珠支撑轮所起到的作用。至此，机器人的结构部分就完成了。

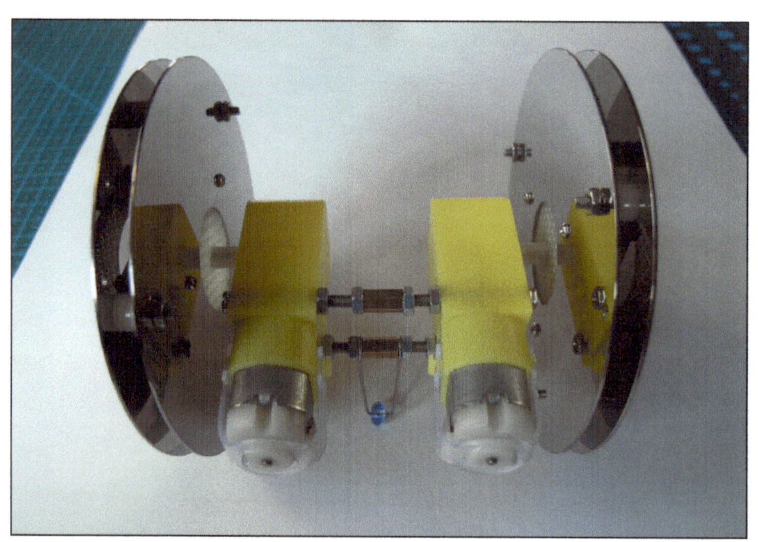

机器人控制部分的电路图如图2-6所示。这是由两个太阳能引擎交叉组合到一起的双技术化细胞，它的巧妙之处在于使用极其简单的电子设备模拟了基础生物的

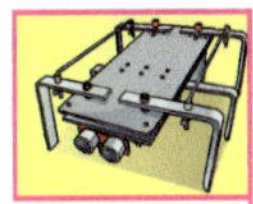

反射行为，使机器人可以和周围的环境互动。在这里，太阳能电池即提供了机器人运转的动力，又是机器人的“视觉”传感器，使它可以分辨哪一侧光线强，并追着光或避光（注意太阳能电池和电机的位置，图 2-6 所示为差速追光的接法，如果电池和电机在同侧，则为避光）运转。

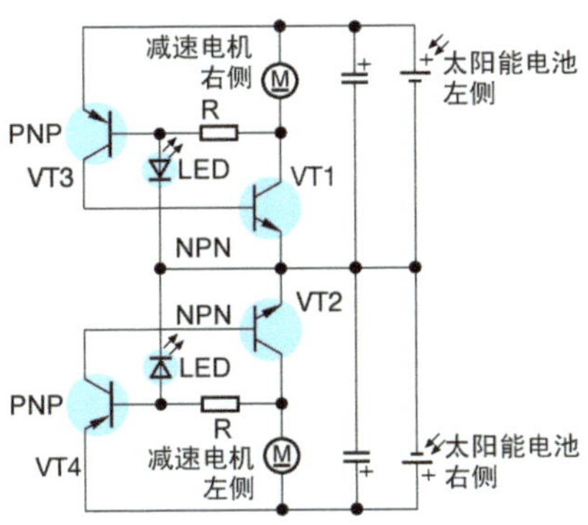

图 2-6 双细胞硬盘动物的电路图

因为电路比较简单，我试着做了一些艺术化焊接，把每个元器件都当作一个建筑材料，我把这种焊接方法叫作“砌墙”。

1 首先把 NPN 和 PNP 三极管“脸对脸”贴在一起，连接好 PNP 管子的集电极和 NPN 管子的基极，剪去多余的引脚。把 LED 的引脚弯折成图示形状。

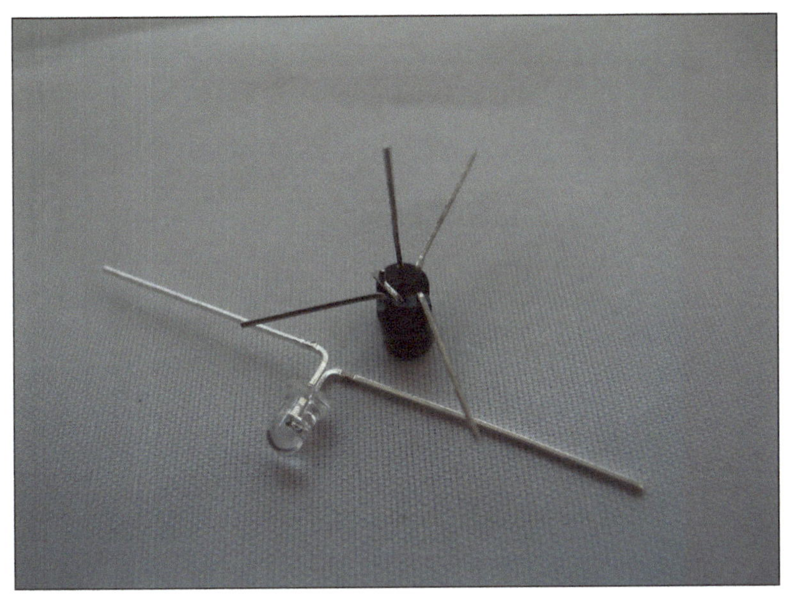

2 将LED的正极焊接在PNP管子的基极，剪去多余的引脚。LED负极焊接在NPN管子的发射极，引脚不要剪掉，作为整个模块的地线。

3 将2.2kΩ电阻一端焊在LED正极，剪去多余引脚。电阻另一端焊接在NPN管的集电极，引脚留长用来连接电机。PNP管子的发射极为电源正极和电机的另一端。

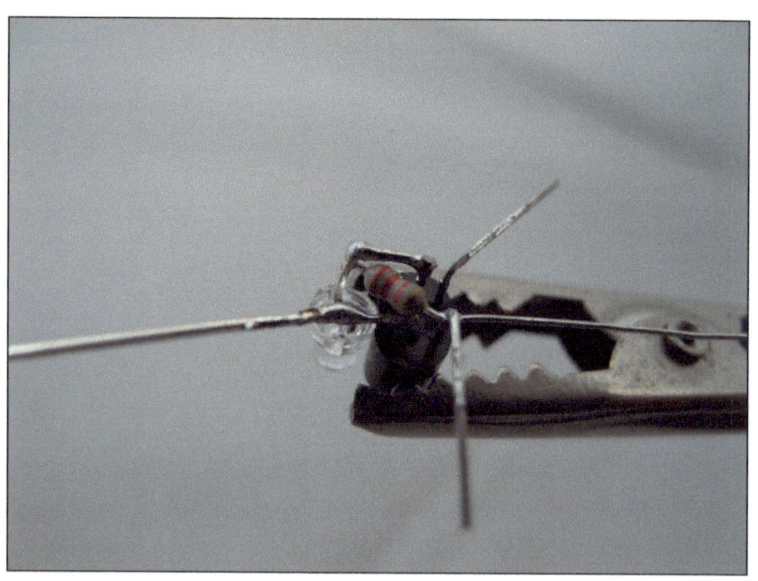

4 这样焊接好的模块非常紧凑小巧，图示为放在一枚一角钱硬币上的比例参考。机器人需要两个这样的模块。

5 两个4700μF的储能电解电容用尼龙扎带绑在电机减速箱的下侧。为了美观，我剥去了电容的塑料皮。电容的负极两两相对，焊接在一起，作为公共地线。

6 模块焊接到一侧电容上的样子如图所示。因为事先已经把模块的功能脚留出足够长度，在焊接时可以弯个小钩子，搭在电容上焊好，方便拆装。如果在调试时觉得一只电容不够劲，还可以在电容上用“砌墙”的手法并联更多的电容，增加储能。

7 两个模块都焊好的样子如图所示。这个装置从机械部分到电子部分都是完美对称的。

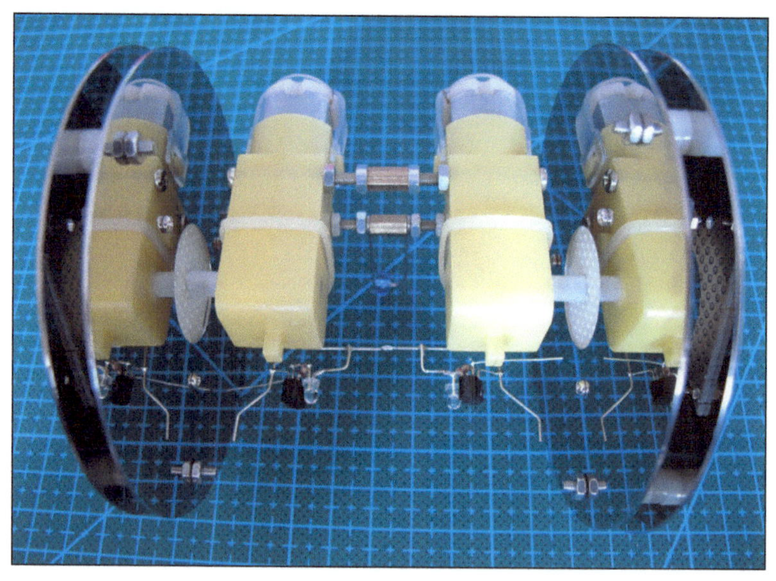

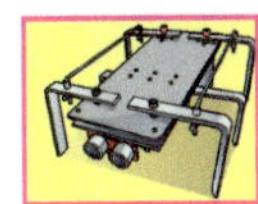

8 这是机器人底部的样子。电机和模块之间可以使用从硬盘电缆上劈开的导线连接，多余的导线折叠好塞在尼龙扎带的缝隙里。

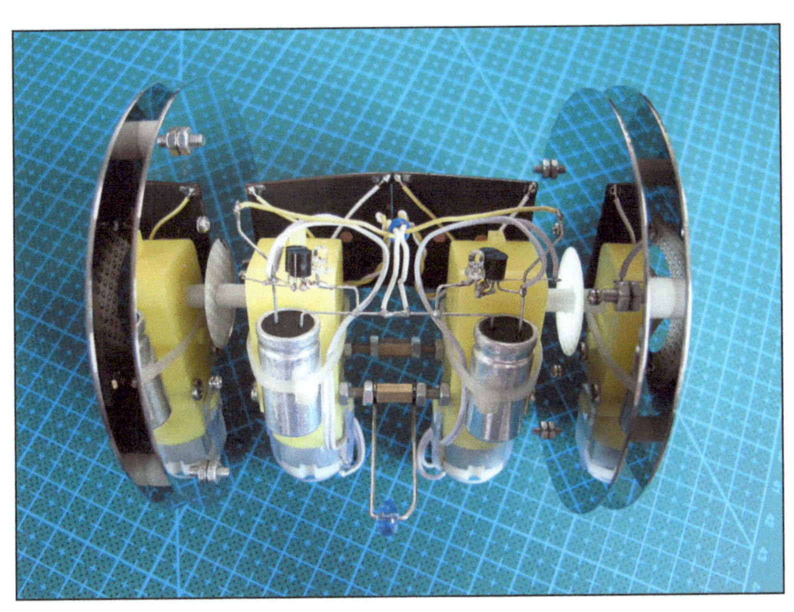

9 最后，用硬质导线将太阳能电池安装在机器人顶部。硬质导线定型效果好，电池可以不考虑其他固定措施。这样只要互换电池的位置，就可以改变机器人的行为。

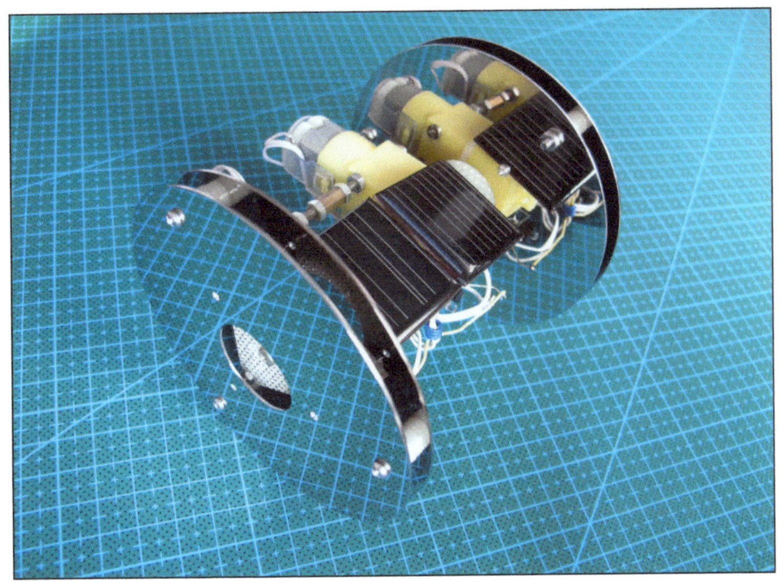

2.2.3 结论

很明显，这不是一个实用的作品，我更想把它看成一个会动的电子雕塑（艺术品还谈不上，过于简单了）。这个作品要表现的是人造物与自然的关系。虽然它结构和原理非常简单，但是已经具备原始生命的特征了，太阳能动力相当于光合作用，追光也是生物的本能。在严格意义上，这个硬盘动物比中学生物课上讲到的单细胞藻类可要复杂多了。

硬盘除了盘片，其他部分的材料也有很大利用价值。比如壳体可以制作机器人小车的底盘、电子舱、音响爱好者的胆床；马蹄形线圈和磁铁可以制作太阳能动力的电磁摆；电路板上的元件用热风拔焊台拆下来，还可以再利用。

对于制作爱好者来说，等米下锅不如找米下锅。文中的硬盘只是给大家一个提示，其实很多材料都可以做出漂亮的车轮，比如录像机的磁鼓、卡座的飞轮等。读者从本文也可以体会到，电子垃圾的再利用并不是一件易事，对一个材料的改造甚至超过了直接花钱去买一个现成的。很多时候为了迁就材料的特征，不得不在设计上做一些改变。这些都增加了挑战，不过DIY的乐趣也正在于此啊！

文末补充一个BEAM机器人的创造者——Mark Tilden用电子垃圾制作的作品，如图2-7所示。这是公认的第一只BEAM机器人，制造于1989年，材料取自一台报废的录像机、一台卡座、一个太阳能计算器和一个能播放《祝你生日快乐》音乐的芯片。

图2-7　Mark Tilden制作的世界第一只BEAM机器人

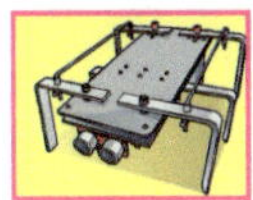

2.3 太阳能蟋蟀——在手掌上跳舞的机器人

试试用普通材料、三极管与电阻电容制作一只活灵活现的蟋蟀机器人吧！蟋蟀是BEAM机器人的一种，国外称为popper。蟋蟀的动力一般以太阳能为主，在阳光下，蟋蟀获得源源不断的能量，做间隔跳跃前进。因为蟋蟀的电路非常简单，我可以把制作的重点转移到结构的搭建，使得完成后的机器人颇具艺术感。

2.3.1 高效引擎

在BEAM机器人家族中，太阳能引擎是一个比较经典的入门级电路，如图2-8

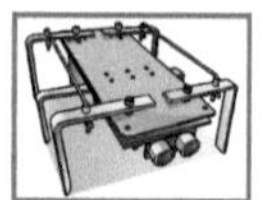

所示。它非常简单，只需要7个电子元器件，很容易制作成功。把这个引擎安装到不同的结构上，可以做成陀螺、小车、比目鱼等各式各样的太阳能动力机器人。经典引擎的缺点是能量利用率比较低，用这样一对引擎驱动两只电机运转，一块小型太阳能电池往往不能提供足够的电流。为了获得足够的动力，不得不增加太阳能电池的数量和储能电容的容量，这就造成了微型化和机动化不可兼顾的矛盾。

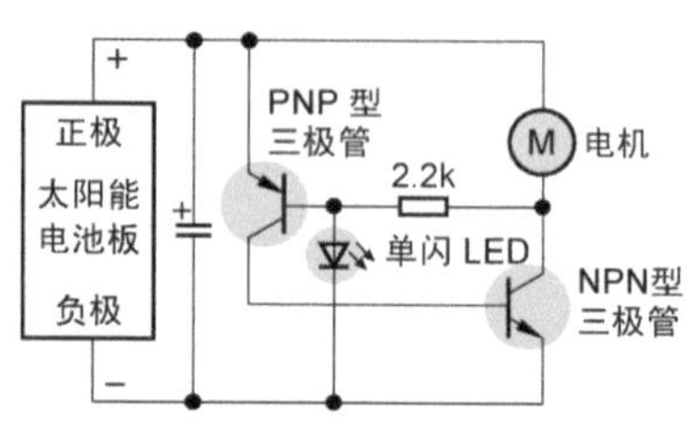

图2-8　经典的太阳能引擎电路

BEAM爱好者Ben Hitchcock提出了一个效率更高的改进版引擎，如图2-9所示。对比经典引擎，电路里有3处改动：增加了2个元件——一个0.22μF的电解电容，一个33kΩ的电阻；1个元件的数值略作调整——2.2kΩ电阻的阻值改为3.3kΩ。我曾试着把改进后的引擎装到太阳能陀螺上，陀螺的运转马上显得生机勃勃。

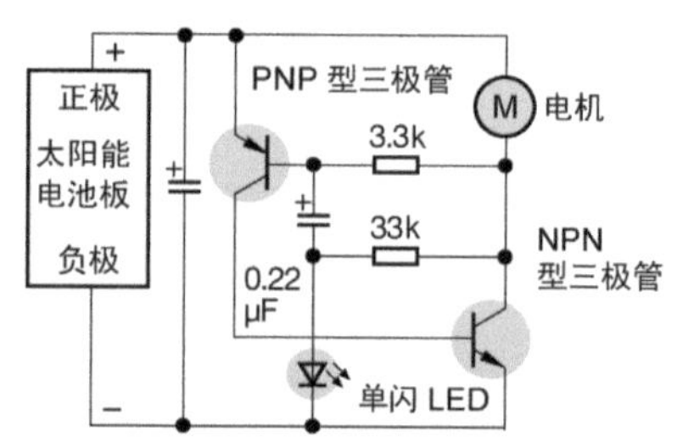

图2-9　改进后的太阳能引擎电路

在蟋蟀机器人中，将使用一对这样的引擎驱动两个电机运转。因为改进版引擎的效率比较高，一小块太阳能电池板提供的能量就可以让机器人很好的运转。这样，用普通的元器件也可以制作出一个外观漂亮、效果不俗的微型机器人了。

为了精确的控制两个电机的运转，可以加入一个调零元件。使用一个20kΩ左右的电位器作为分压器，串联在两部引擎的单闪LED负极与地之间，电位器的作用是调节引擎的触发导通的时间。最佳的情形是两部引擎同时触发，因为蟋蟀体积小、重量轻，两个电机同时运转，就可以带动整部机器人“跳跃”着前进了。

我在制作蟋蟀的时候，手头没有0.22μF的电容，后来尝试使用1μF电解电容替换，实际运行效果也很好。

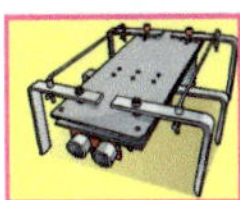

2.3.2 材料和工具

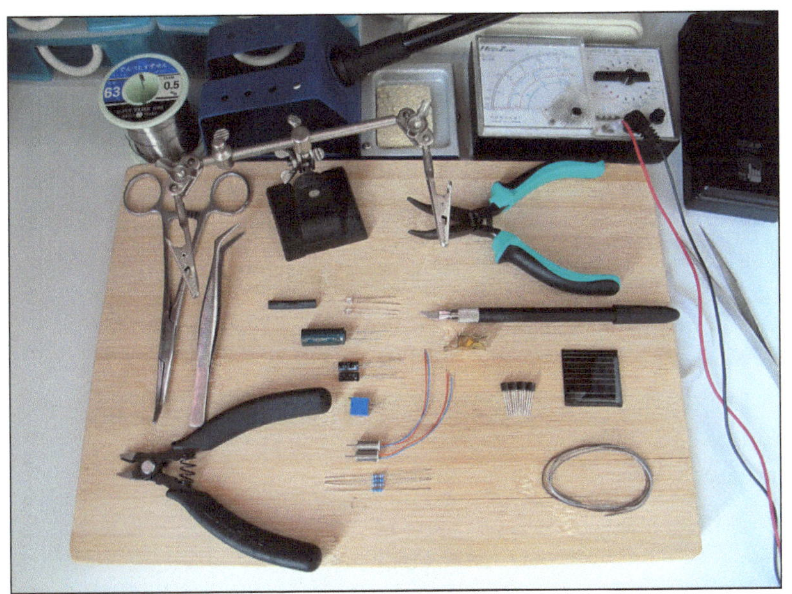

材料：

- >> NPN 型小功率三极管，2 个
- >> PNP 型小功率三极管，2 个
- >> 单闪 LED（配黑色热缩管），2 个
- >> 10kΩ 多圈电位器，1 个
- >> 微型电机，2 个
- >> 3.3kΩ/0.25W 电阻，2 个
- >> 33kΩ/0.25W 电阻，2 个
- >> 1μF/50V 电解电容，2 个
- >> 3300μF/10V 电解电容，1 个
- >> 废电源插座里的铜片，1 枚
- >> 太阳能电池（不低于 4V），1 块
- >> 双色单芯导线，1 段

工具：

- >> 焊台，配 0.5mm 焊锡
- >> 止血钳
- >> 弯头镊子
- >> 放大镜架子
- >> 电子剪或偏口钳
- >> 弯头尖嘴钳
- >> 雕刻刀

2.3.3 制作过程

简单说，这是“一块”会动的电路，由电子部分和机械部分组成。太阳能电池、储能电容和太阳能引擎将光能转化为脉冲，给电机提供能量；两只微型电机驱动机器人运动。

虽然太阳能蟋蟀的电路比较简单，只有17个电子元器件、1个机械结构件。但想把它做得精致漂亮也绝非易事。笔者几年前曾在国内的数码和模型论坛中看到过一种用废电子零件、弹簧、打火机材料制作的摩托模型，结构之精巧堪称艺术品。我非常佩服那些制作高手们的创意和技巧，也多次尝试进行类似的制作。这部机器人可以说和摩托模型有着异曲同工之妙。

1 太阳能蟋蟀有一个需要自制的结构件，这个结构件的作用是固定两只微型电机，同时起着连接储能电容和搭载电子部分的作用。将从废电源插座里拆出的一块铜片，改装成一个卡子。图左为拆出的铜片，图右为改造好的样子。铜片很好加工，使用剪刀和尖嘴钳子就可以了。也可以使用铁皮，比如光驱外壳，制作这个卡子。

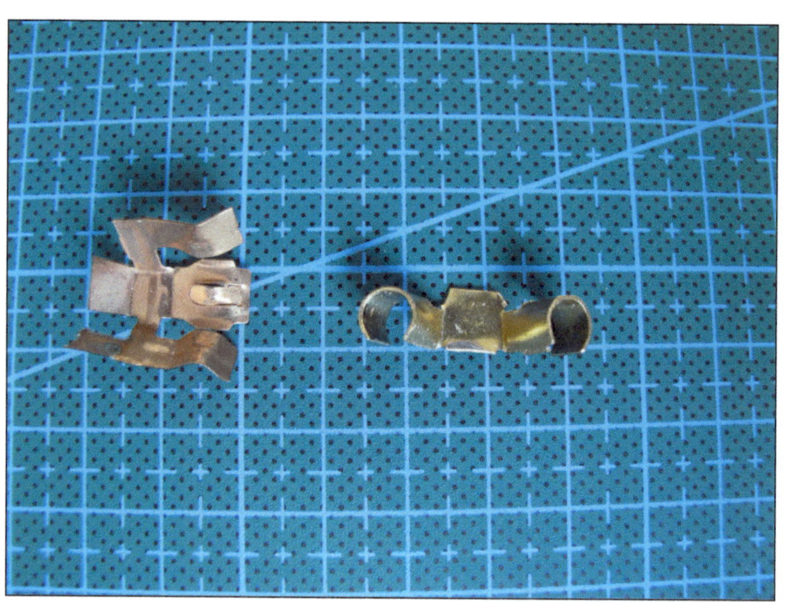

2 把3300μF储能电容的负极焊在卡子上。注意负极引脚留出一段不要剪掉，用来连接电子部分。

3 卡子的作用是固定两个微型电机，图中为电机装在卡子上的样子，电机轴向下。储能电容的顶部着地，与两个电机轴形成三点支撑。改变两个电机之间的夹角，可以微调机器人跑动的速度，调整电容与电机夹角度，可以调节机器人的重心。至此，机器人的结构做好了。

4 太阳能蟋蟀的核心由4个三极管构成，可以把它们看成机器人的心脏。首先要完成心脏部分的制作，其他元件将围绕着心脏环环相扣地进行搭建。把4个三极管管脚朝上，排列成如图所示的布局。上方是两个PNP型三极管，NPN型三极管在下面。我使用的三极管是2N3906和2N3904，如果用其他型号的管子替换，需要仔细核对管脚顺序是否与图中一致。

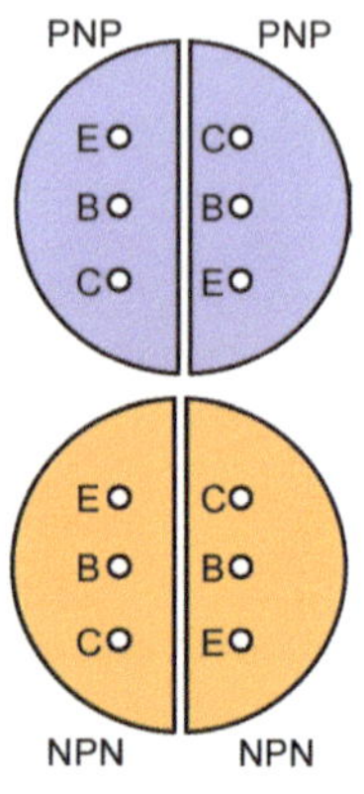

5 4个三极管排列起来的实际样子如图所示。

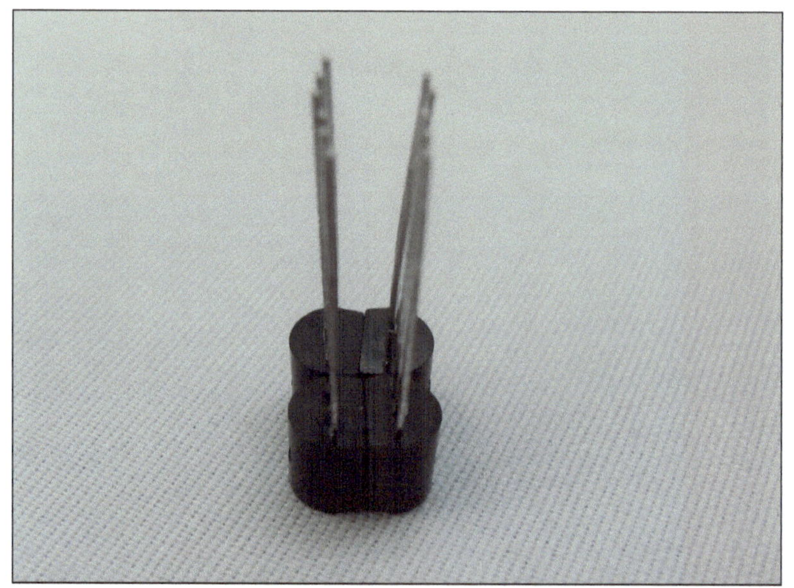

6 首先焊接下方的两个NPN型三极管。把两只管子的发射极向外展开，左侧管子的发射极向斜下方弯折，与右侧管子的发射极焊接在一起。

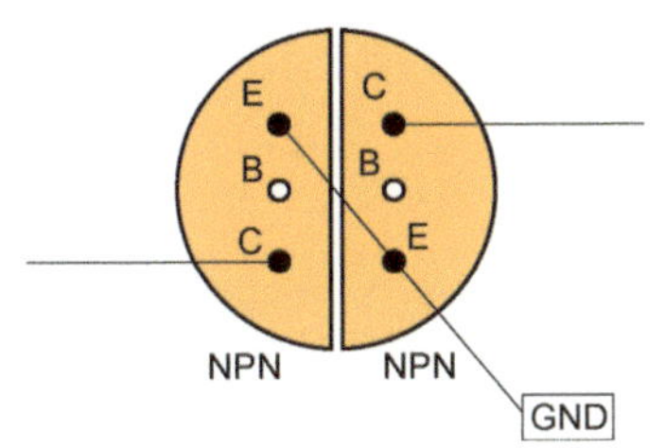

7 如图所示，用镊子把相应三极管的引脚弯折到指定位置。注意在弯折引脚时，距离根部留出 1~2mm 距离，防止引脚折断。

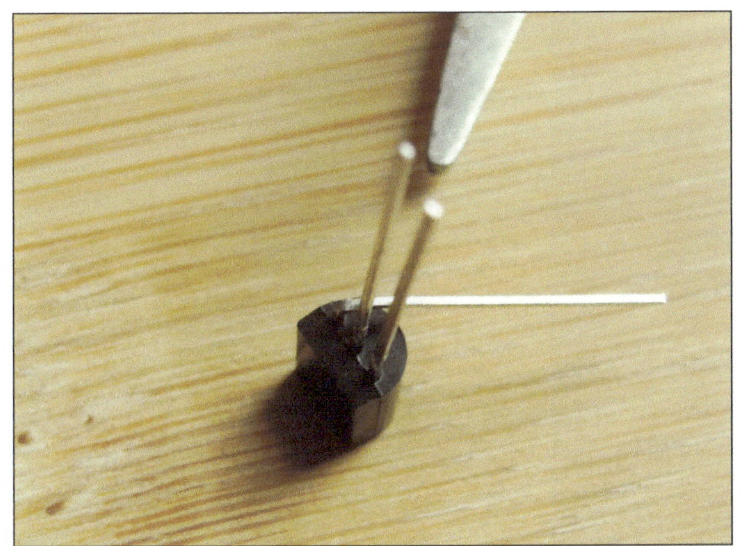

8 两个 NPN 管焊接在一起的样子如图所示。

9 接着焊接上方的两个PNP型三极管。把两个管子中间的基极向外展开，右侧管子的发射极向斜上方弯折，与左侧管子的发射极焊在一起。

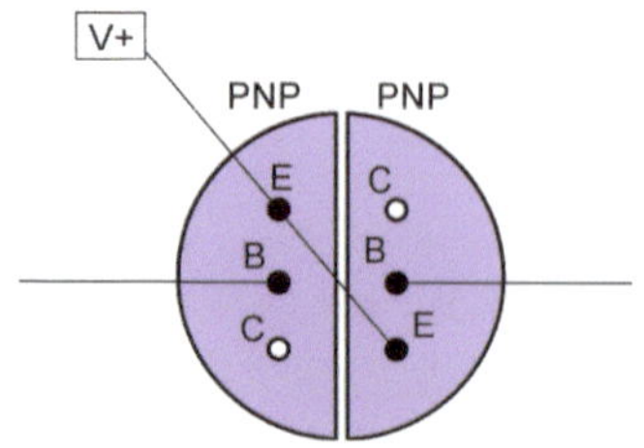

10 两个PNP管焊接在一起的样子如图所示。

11 最后把4个管子焊接在一起。如图所示，分别连接好左右两侧管子的集电极和基极。

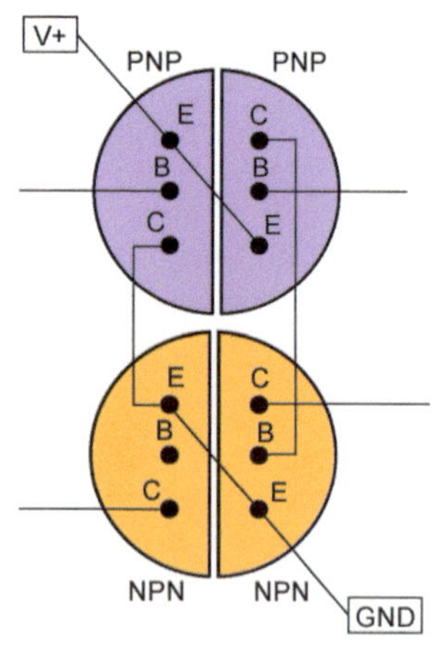

12 4个管子焊接在一起的样子如图所示，机器人的“心脏”装配完毕。

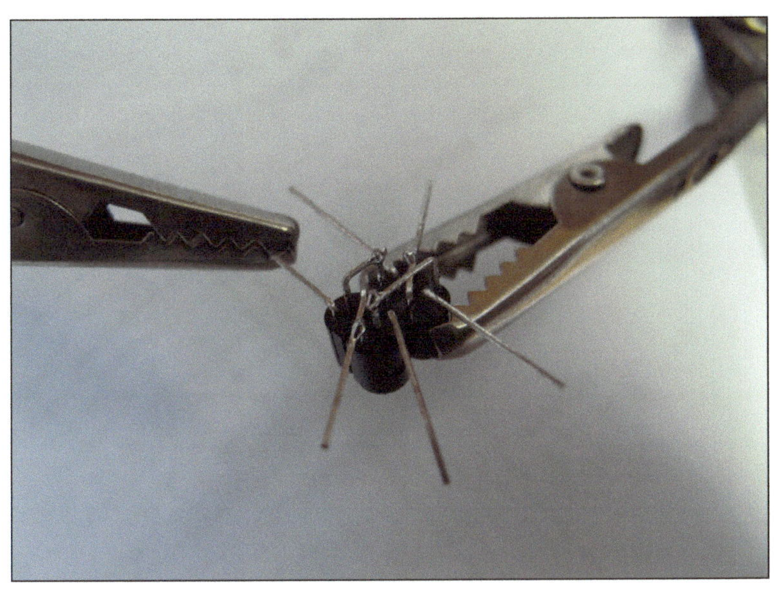

13 把两个1μF电容的正极弯成如图所示的形状，分别与上方PNP管子向外展开的基极焊接在一起。

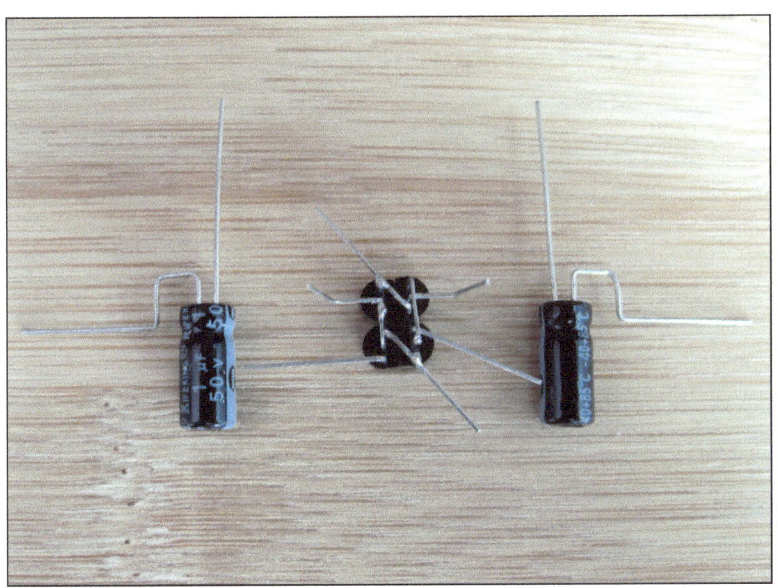

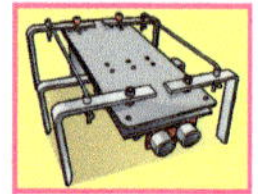

14 把两个3.3kΩ电阻一端打个弯，套在1μF电容的正极上，另一端折成90°直角，向外展开。

15 3.3kΩ电阻焊上去的样子如图所示，至此已经胜利在望了。

16 在两侧 1μF 电容的负极，各焊接上一个 33kΩ 电阻。电阻的另一端与 3.3kΩ 电阻的直角、NPN 型管子向外展开的集电极焊接在一起。

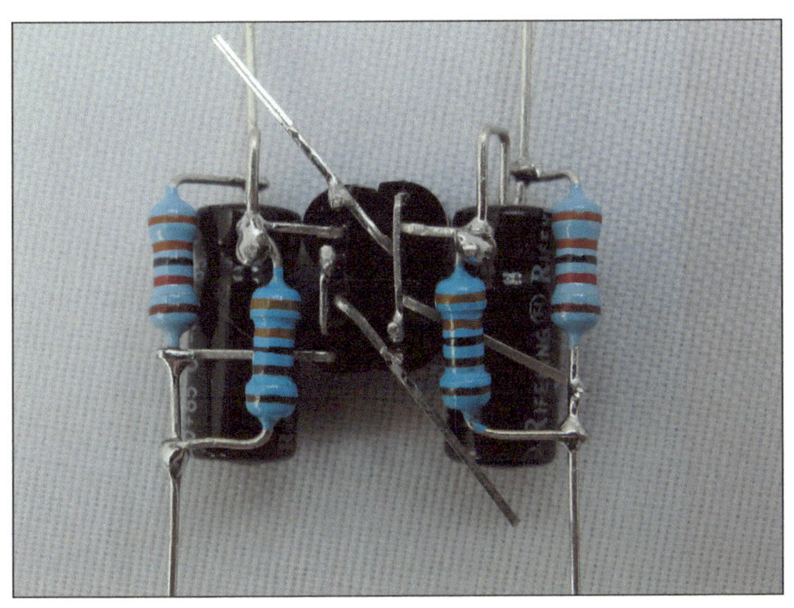

17 把多圈电位器中间的引脚与 NPN 型三极管的发射极焊接在一起。两侧的引脚向外展开成直角。

18 最后焊接两个单闪LED。LED负极焊接在多圈电位器两侧展开的引脚上，正极焊接在1μF电容的负极一端。把LED的引脚留出一定长度，为的是在总装以后弯折出一个艺术造型。

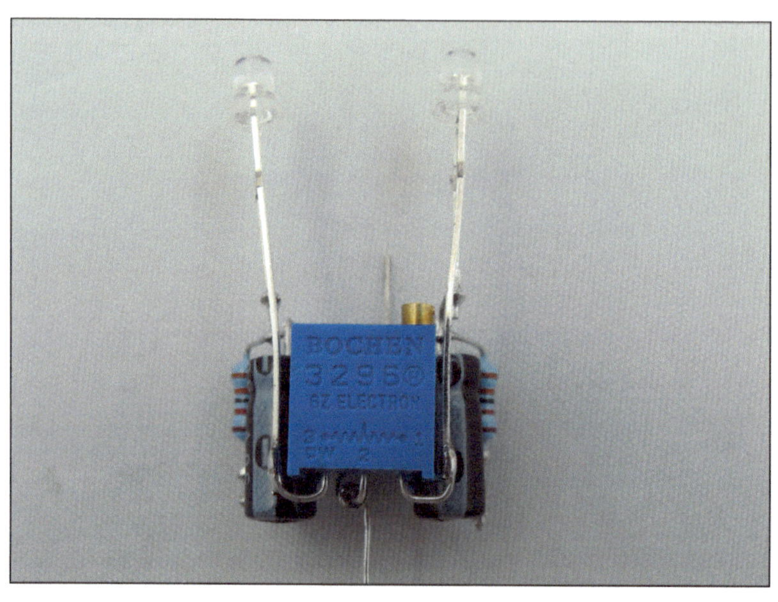

19 从侧面可以清晰地看出LED安装在电路中的情形。

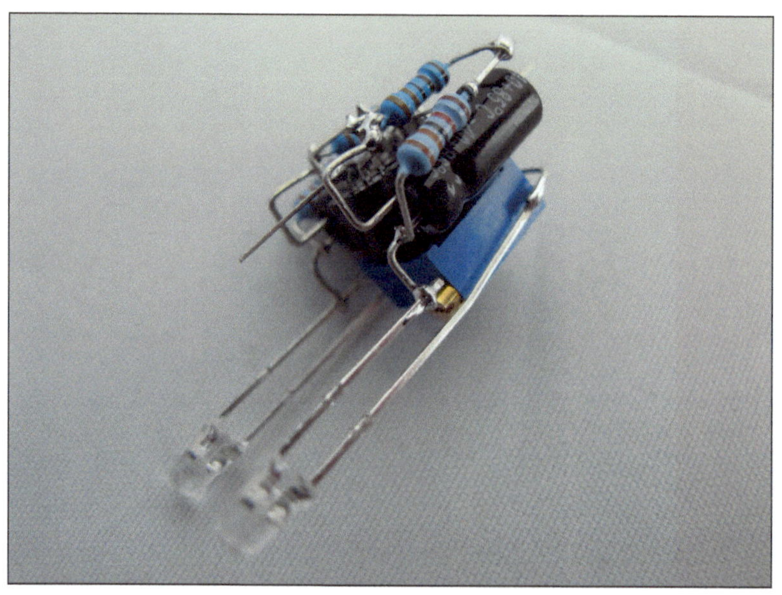

20 首先把电子部分的地端和储能电容预留好的负极焊接在一起。储能电容的正极贯穿过4个三极管，与两个PNP管发射极预留好的V+焊接在一起。为了防止短路，要给电容正极套上一段绝缘管。

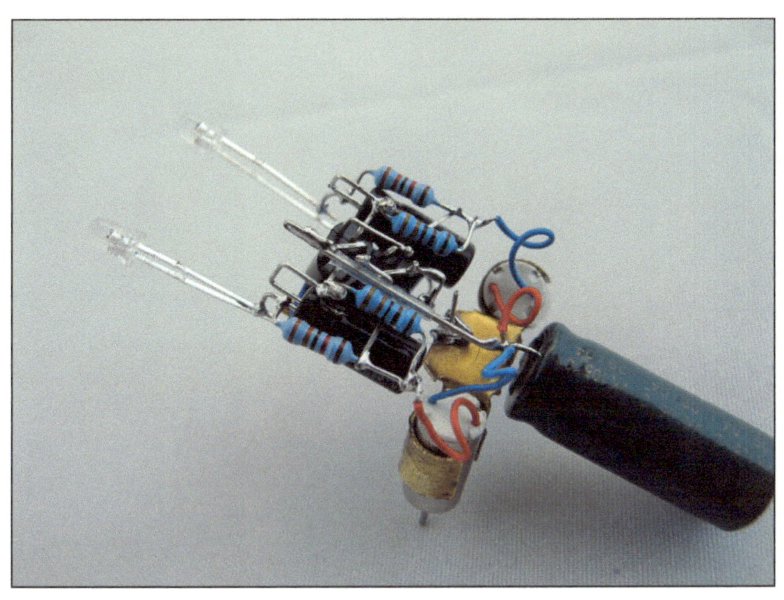

21 把两个微型电机连接到电路中，注意左、右电机的正、负极不要搞错，否则机器人运动的方向是反的。

22 下图为底视图，展示了安装上太阳能电池的样子。为了美观，用雕刻刀剥去储能电容的塑料外皮，露出银色的铝壳。单闪LED也向外弯折出一个角度。

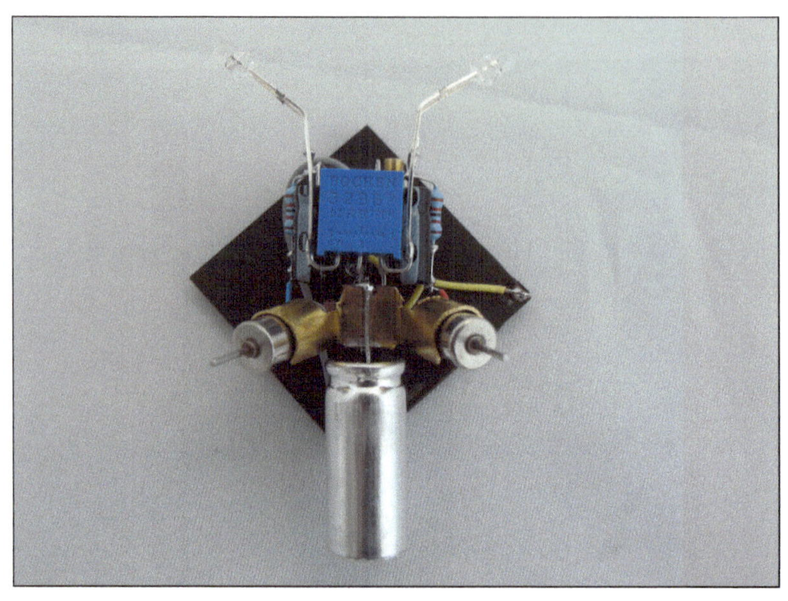

23 最后装配完毕的样子如下图所示。

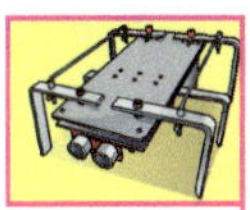

24 太阳能蟋蟀很小，可以在手掌上跳舞。

2.3.4 故障与排除

以下是几个可能出现的问题和解决办法：

1. LED 闪光，电机转一下就停止，不再触发。

（1）电机灵敏度过高，可以尝试在电机两端并联一个 100Ω 的电阻，降低它的灵敏度。

（2）将不透明胶带等物体贴在太阳能电池的表面，适当减小它的电流。

2. LED 闪光，电机吱吱响，但是不转。

（1）可能是储能电容容量过大，尝试减小储能电容的容量。

（2）在电机两端并联一个 0.47μF 左右的电容。

3. 电机不转，LED 也不闪。

曾经遇到过新装好的机器人，接上太阳能电池以后，在阳光和灯光下都处于一种“假死”状态。可以试着用 3 节 AAA 电池串联成 4.5V 电源，接在储能电容两端，瞬间激活一下电路。

第3章

用逻辑电路制作的机器人

经过上一章的介绍，相信读者一定会对这些不起眼的基础电路刮目相看了。同时也在小型机器人的结构设计和制作上积累了一定经验。在本章中，将介绍由74HC系列逻辑集成电路和传感器制作的机器人。

从电路角度分析，逻辑集成电路有高电平、低电平和高阻抗三个状态。由此我们可以利用逻辑电路三态特性来模拟生物的条件反射行为，制作出基于感觉控制的机器人。传感器与逻辑电路的巧妙配合，可以使机器人在行为上更加丰富，动作上更加灵活。

3.1 基于模拟计算机的循线小车

循线小车的制作可以说是机器人爱好者的一门必修课。但是我们常看到的关于这类制作的文章大都基于单片机架构，要完整制作出一个这样的小车，需要掌握单片机、程序语言、开发环境、算法、编译环境、烧录软件、下载器等一系列软硬件知识。这对于没有系统学习过单片机的爱好者来说有一定难度。

本节介绍一部由模拟计算机控制的循线小车，它由传感器和线性比例器构成，原理简单易懂，无需编程。只要具备模拟电路知识，就可以上手制作。

3.1.1 制作小车底盘

材料：

- 瓶盖，2个
- GA12YN20减速电机，2个
- 工业端子排，1条
- 通孔珠子，1个
- 曲别针，1枚
- M3螺丝螺母，若干
- 洞洞板，若干
- M3套管，4个
- M3铜柱，若干
- 4×AAA电池仓，1个
- 双面胶带，适量

1 从工业端子排里面拆出两套铜芯，作为轴连器，用来连接车轮和电机。我用的是380V/10A的端子排，拆出的铜芯内径为3mm，可以用压接的方式把3mm的螺丝与电机输出轴对接起来。这种端子排在一般的五金灯具市场都可以买到，吸顶式节能灯的镇流器里面也有这样的铜芯。

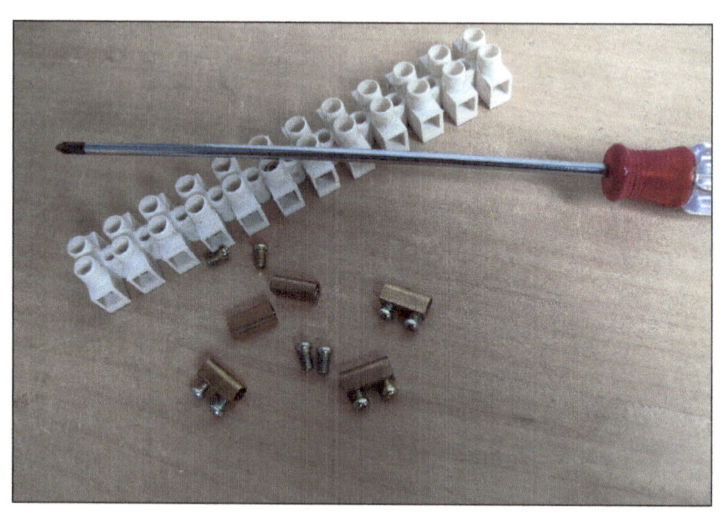

2 电机使用的是GA12YN20型直流减速电机，在6V电压下，空载输出转速为30r/min（也就是每分钟转30圈）。除了电机，其他材料都是生活中常见的。瓶盖用来做车轮，要选择直径比电机大一些的盖子，使小车下面的电池仓距离地面有一定高度，不会蹭底盘。盖子边缘要厚一些，可以增加摩擦力，小车走起来不会打滑。我用的是婴儿食品的金属盖子，铁灰色，比较耐看。准备好的小车底盘的材料如下图所示，很简单吧？

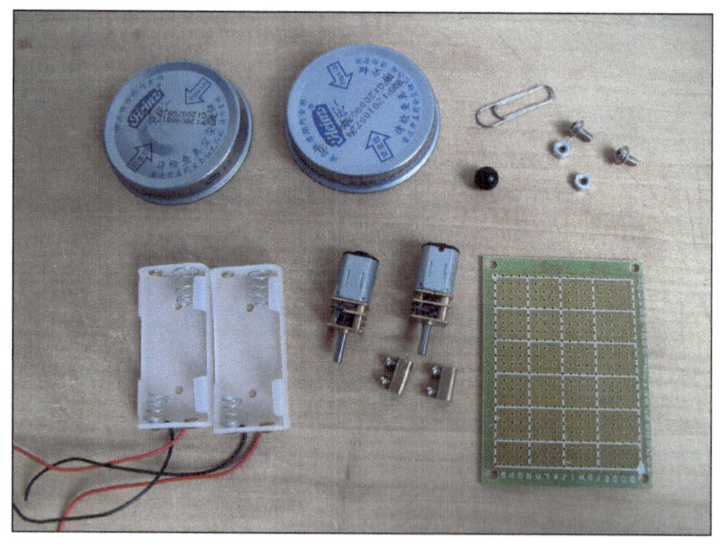

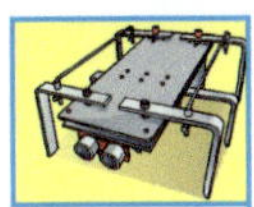

3 在瓶盖的中心打一个3mm的孔，借助一颗3mm的螺丝和上文提到的轴连器，连接好电机和车轮。用曲别针穿上珠子，弯成下图所示的形状，作为小车尾部的支撑轮。

4 把减速电机稍微靠前固定在一片洞洞板上。这里电机是用铁丝缠绕并焊接固定的，简单点也可以用热熔胶固定，或者用薄铁皮做一对箍子，配合螺丝，把电机压在电路板上固定好。

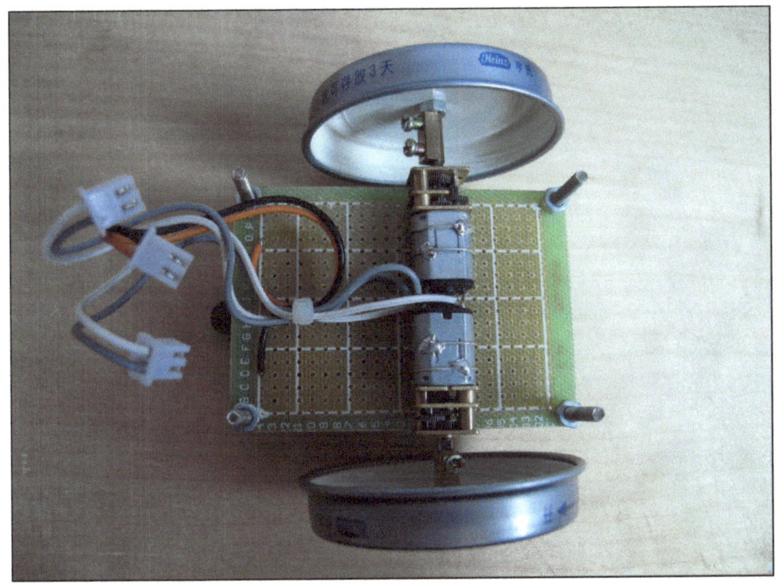

5 小车尾部的支撑轮用螺丝固定在电路板下方。电池仓直接用双面胶贴在洞洞板下面。

6 我用的是 5cm × 7cm 的预制洞洞板，四角有安装孔，借助铜柱可以很方便地把板子一片片叠起来。两只电机和电源单独引出接头，方便将来与上面的控制板相连接。

这样，一个灵巧的小车底盘就做好了。5cm × 7cm 的洞洞板上有足够的焊盘数量，将来也可以用它做单片机控制的小车。换不同的控制板，实现不同的用途。很方便吧？

3.1.2 制作循线控制板

这个循线小车是由模拟计算机控制的，电路如图 3-1 所示。模拟计算机是用电流、电压等连续变化的物理量直接进行运算的计算机，由运算放大器构成核心器件，运算过程不存在模数-数模转换和编程算法的问题。

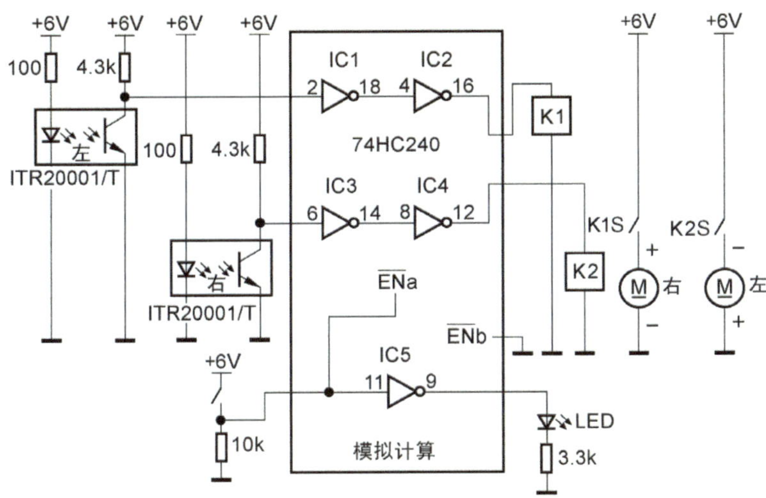

图 3-1 模拟计算机循线小车电路图

元件：

- >> ITR20001-T 红外线光电开关，2 个
- >> 74HC240 配插座，1 个
- >> 5V 小型继电器，2 个
- >> 4.3kΩ 电阻，2 个
- >> 10kΩ 电阻，1 个
- >> 100Ω 电阻，2 个
- >> 网线芯，若干
- >> 洞洞板，若干
- >> LED，1 个
- >> 3.3kΩ 电阻，1 个
- >> 细导线，若干

小车每侧的车轮由两个反相器组成的比例器控制，通过继电器带动减速电机运转。这里使用的是一片 8 路反相驱动芯片 74HC240 作为模拟计算机的核心。读者也可以使用通用运算放大器接成反相器来替代，控制效果是一样的。

以下是小车运行状态的分析：

（1）当比例器输入端的红外线光电开关检测到黑线的时候，红外线接收管接收到的反射光减小，接收管呈高阻状态，比例器输入和输出都是高电平，驱动继电器吸合，与之相应的减速电机带动车轮转动。

（2）当左、右两只光电开关都检测到黑线时，两只继电器同时吸合，小车全速直行。当黑线终止时，两个光电开关发射管发出的光线经地面反射至接收管，接收管接收到的入射光增加，比例器输入电平降低，输出电平跟着降低，两只继电器释放，小车停驶。

（3）由此不难分析出小车拐弯时的状态：以小车为第一视角，行驶中遇到顺时针弯道，左侧光电开关首先脱离黑线，继电器 J1 释放，右轮停转；左轮带动小车做顺时针转动，直至左侧光电开关回复到黑线上方。

（4）逆时针弯道的转向状态与顺时针弯道相反。

（5）避障控制是利用 74HC240 的使能端实现的。当小车前方没有障碍物时，74HC240 的 1 脚、11 脚因为 10kΩ 下拉电阻的作用，保持在低电平，对应的 4 只反相器 IC1、IC2、IC3、IC4 为使能状态，9 脚为高电平，LED 灯亮，小车按设计运转。当遇到障碍物时，1 脚和 11 脚为高电平，4 组反相器为关断状态，LED 灯灭，小车静默。避障开关的优先级高于光电开关，无论小车在哪种运行状态，只要避障开关动作，都会强制小车进入静默状态。

总结起来如下表所示：

状态/元件	避障开关	右光电开关	左光电开关	继电器 J1	继电器 J2	右轮	左轮	小车
1	断	黑	黑	吸和	吸和	转	转	前进
2	断	黑线	白	释放	吸和	停	转	顺时针
3	断	白	黑线	吸和	释放	转	停	逆时针
4	断	白	白	释放	释放	停	停	停
5	通	任意	任意	释放	释放	停	停	停

1 两只红外线光电开关焊接在一片裁剪成条形的洞洞板上，要求模块间距略小于路面黑线的宽度。也就是当小车直线行驶的时候，两个模块同时位于黑线上方。用两根曲别针弯成一对 L 形的支架，把传感器板固定在小车前部。铁质曲别针很好定型，使得微调光电开关与路面间距变得很简单。线路图里面的 100Ω 和 4.3kΩ 电阻数值是配合 ITR20001-T 型红外线光电开关，经过实际试验决定的。在传感器距离路面 5mm 的情况下，可以准确动作。如果爱好者

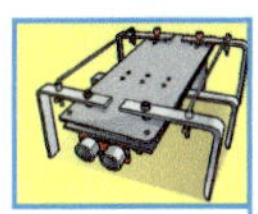

使用其他型号的光电开关，电阻数值需要适当调整。

2 避障开关的做法简单到只需要一根电阻引脚、一段网线。用电阻引脚弯一个圆圈焊在洞洞板上，作为开关的定片；网线剥皮穿过圆圈焊在洞洞板上，与圆圈保持微小的间距，作为开关的动片。在网线碰到物体时，定片和动片接触，触发电路动作。因为74HC系列的芯片为CMOS器件，输入阻抗很高，这里可以忽略开关的接触电阻，即使有几百欧姆的接触电阻，也不会影响电路的正常动作，实际上这个简陋的土制开关动作非常灵敏。

3 因为电路比较简单，控制板的焊接过程不再作过多说明。5cm × 7cm 的洞洞板空间很大，我把光电开关的电阻用串并联的方式焊在电路板上，这样有两个好处：一是可以很方便地通过短路个别电阻来调整传感器灵敏度，二是电阻分散的布局使得线路板看上去不会显得太空，外观上比较美观。

4 至此，我们的模拟循线小车就整装待发了。下图是用旧挂历和黑色塑料胶带做的简易轨道。我先后在不同材质的地面上（挂历纸、切菜板、瓷砖、白纸、白色办公桌）做过实验，小车的运转效果都非常好。

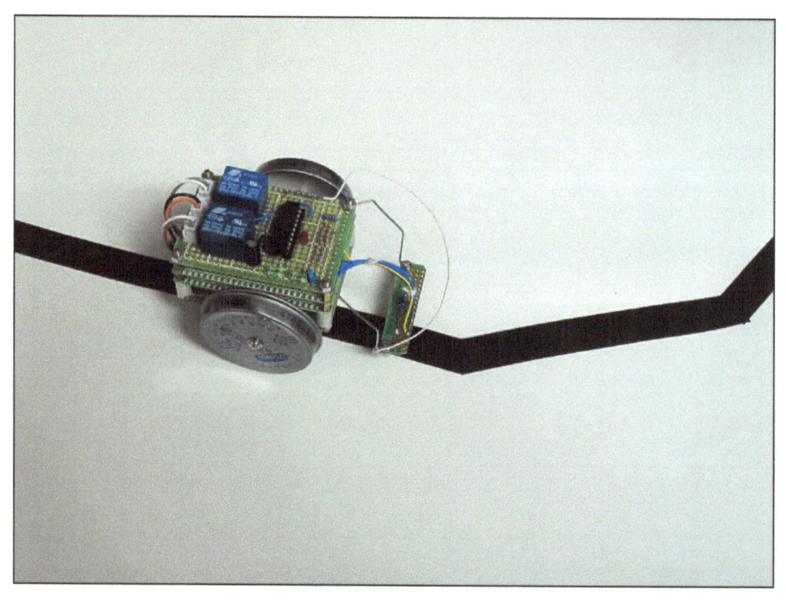

从自动控制系统的角度来分析，本文所制作的循线小车属于一种随动系统。随动系统的特点是：输入信号是一个随时间变化的函数，系统的任务是在存在扰动的情况下，保证输出量以一定的精度跟随输入信号的变化。

随动系统在工业、交通和国防等部门都有着广泛的应用，比如机床的自动控制、车辆的智能转向、火炮的控制和卫星导航等。我们制作的循线小车是一个小中见大的模型，分析和改善它的不足，对深入了解大型的系统也会有很大的帮助。

比如，这个循线小车使用继电器来控制电机转动，电磁式继电器具有吸合电压高于释放电压的特性，相当于在控制系统中加入了一个积分环节。微型电机的减速箱存在齿轮传动间隙，这些因素都会增大系统的稳态误差，直观的结果是小车遇到弧度比较小的黑线时转弯效果不好，会出现车体来不及响应运算指令，传感器同时脱离黑线的情况。而在从弧线进入直线时，由齿轮间隙造成的光电开关位移误差，会使左右两边的继电器频繁动作。

以下有几个改进的办法供大家探讨：

（1）使用快速响应的电机驱动电路，比如在单片机小车里面经常采用的L293D、L298N等电机驱动芯片。

（2）增加光电开关的数量，这个方法在单片机循线小车里也广泛采用，原理是相通的。

（3）在光电开关与比例器之间加入由阻容器件构成的串联超前校正网络和相应的补偿放大器。比例加微分控制（PD）就是一种超前校正，可以提高小车运行的稳定性和快速性。

随着科技的发展，数字计算机在各个行业被大量应用，相比之下，与模拟计算机有关的应用资料变得越来越少。本文把这种“古董级”的技术发掘出来，加以实

际应用，意在抛砖引玉，给大家扩展一下思路，从多个角度去思考问题。

3.2 会寻光的机器龟

1949年，为了模仿自然生命，英国科学家Grey Walter设计制作了一对名叫Elmer和Elise的机器人，因为它们的外形和移动速度都类似自然界的爬行龟，也称为机器龟，如图3-2所示。这是公认最早的真正意义上的移动式机器人。

图 3-2 Walter 正在调整他的机器龟

Walter机器龟的核心是由电子管、阻容器件和继电器构成的一个简单的单细胞“大脑”，如图3-3所示。头部的光电管和外壳上的碰撞开关作为与外界沟通的传感器，两个电机分别负责机器龟的移动和头部光电管的转动。每台机器龟前部都装有一个灯，充电站里面也有一个导航灯。这就使机器龟、充电站、外界环境之间建立了一定的联系。光电管使机器龟具有趋光性，可以对外界的光线发生反应，安置在每只机器龟前部的光源，使机器龟之间亦有一定的互动性。有趣的是，机器龟在镜子前看到自己时，也会产生行为反应，Walter形容为“这是机器龟存在某种自我意识的证据”。龟壳上的碰撞开关使它们在碰到障碍物时会自己跑开。当电池电量降低时，机器龟还可以自己循着充电站的导航灯光源进去充电。

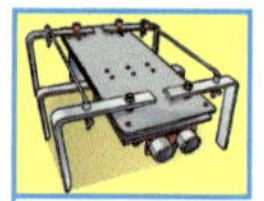

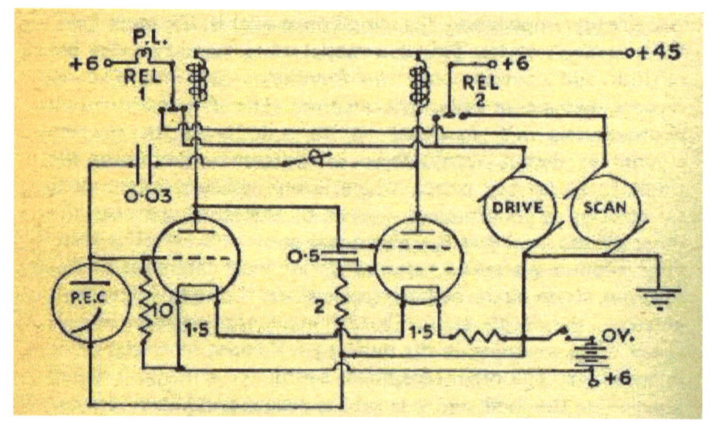

图3-3　以光电管和电子管为核心元件构成的机器龟控制电路（历史资料）

对机器龟的研究证明，少量脑细胞之间不同方式的连接，可能会引起很复杂的行为。我这次要用现代的材料和制作工艺来重现这个经典的起源型机器人。时隔60多年，电子技术已经发生了革命性的发展，即使作为一名业余爱好者，手头的元器件对当年的科学家来说也绝对是重量级的了。我的任务会因此变得简单吗？请继续往下看。

3.2.1　制作机器龟的移动平台

材料：

- >> 减速电机，2个
- >> 配套轮胎，2个
- >> 铁或铝板，适量
- >> 尼龙万向轮，1个
- >> M3螺丝螺母，若干
- >> M3套管，若干
- >> M3铜柱，若干
- >> 保鲜盒，1个
- >> 4AA电池仓，1个
- >> 小弹簧，2个
- >> 双面胶带，适量

一台运转灵活的机器人，在制作过程中一定会涉及机械加工环节，厂家预置的通用五金件可以节省你的时间，但是不能解决所有问题，如果想制作出个性化的外观、复杂的功能，就一定要自己动手了。笔者自己就很喜欢金工和机械设计，对于业余制作来说，材料的选择和结构的设计可以天马行空，一旦将注意力集中在这些没有人解决过的问题上，创意就开始奔涌而出，这是我们的优势，要好好加以利用。我鼓励大家多做做这方面的功课，就从移动平台、基础小车开始，尝试自己设计、

自己加工；以后慢慢过渡到自制舵机框架、摇臂、云台或者更复杂的机器臂、机器手、多足机器人，就得心应手了。

搭建这个平台所使用的电机和轮胎是机器人基础小车里常用的型号。我使用1mm厚度的5052铝板做了一个T字形骨架。整个车体只有两个五金件，用铁剪刀下料、电钻打孔、台钳折边可以很快加工出来。大家也可以使用手边材料，如废光驱外壳来制作骨架，如果觉得铁皮比较软，可以折一下边沿以增加强度。

1 用电钻打安装孔。

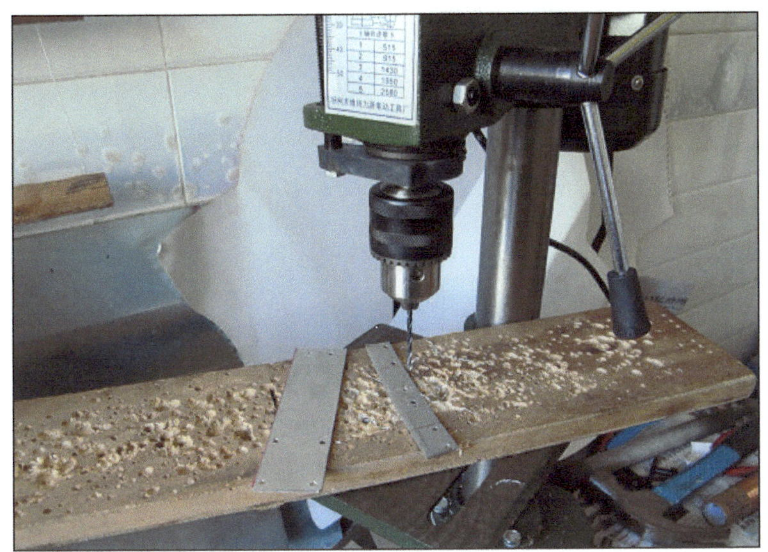

2 用台钳折边。

3 准备组装。

4 把电池仓用双面胶带贴在电机下面。

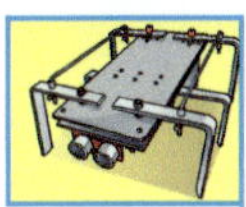

5 装配完成的样子如图所示。

6 保鲜盒通过两根弹簧，以“悬浮”的方式，罩在移动平台外面，作为机器龟的外壳。盒子的里面固定有一只水银开关，负责检测外界的碰撞。这个结构可以确保即使龟壳受到微小撞击，水银开关也会被触发。

3.2.2 制作机器龟的电子脑

与机器龟同一时期，冯·诺依曼已经提出了二进制和程序内存的思想，这是当今数字计算机的主流结构。但是 Walter 仍然在他的研究里强调用纯模拟线路来模拟生物大脑的重要性。Walter 的这种思想启发了随后几代的机器人研究者，其中最著名的就是 Mark Tilden 和他的 BEAM（仿生 - 电子 - 艺术 - 机械）机器人。

这里我使用一片四异或门电路 74HC86 来制造机器龟的电子脑，这只机器龟也是一部比较高级的 BEAM 机器人，电路如图 3-4 所示。

元器件：

- 74HC86，1 个
- 74HC245，2 个
- 光敏二极管，2 个
- 1N4148，1 个
- 1MΩ 电阻，4 个
- 100kΩ 电阻，1 个
- 0.33μF 电容，2 个
- 10μF 电解电容，4 个
- 工业冷压端子，3 个
- 0.8mm 钢丝，若干
- 细导线，若干
- 热缩管，若干
- 洞洞板，1 片

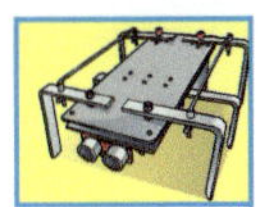

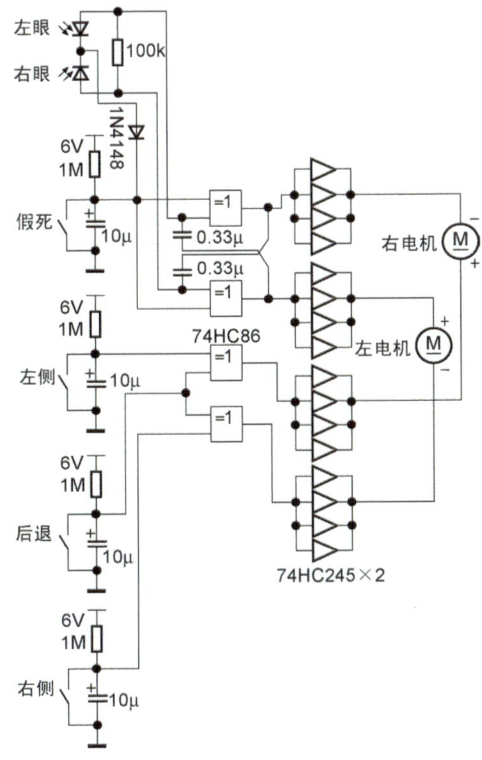

图3-4 会寻光的机器龟的电路图

机器龟的眼睛由两个光敏二极管构成，向左、右两侧分开适当角度排列，检测环境光。当两眼入射光线不同的时候，光敏二极管回路里正、反方向对异或门的输入电阻是不同的，电路驱动两个电机做差速运转，使机器龟总是向着光线最强的方向运动。

水银开关和3个触须开关负责感知外界环境，使得机器龟可以对外界的物体作出一定的反应，它们的执行优先级要高于光敏二极管。这4组开关的执行时间取决于线路图中R、C的时间常数，1MΩ 电阻和10μF电解电容为参考值，可能需要根据机器实际运转情况做适当调整。

机器龟的行为模式归纳如下：

编号	左眼	右眼	左碰撞	右碰撞	回转	水银	动作
1	任意	任意	触发	无	无	无	顺时针
2	任意	任意	无	触发	无	无	逆时针
3	亮	暗	无	无	无	无	逆时针
4	暗	亮	无	无	无	无	顺时针
5	任意	任意	任意	任意	任意	触发	假死
6	任意	任意	无	无	触发	无	后退

电路部分较简单，用一小片洞洞板就可以焊起来，不再占过多篇幅描述。有几点需要注意的问题。

1 电路和机械部分需要协调工作才能达到最佳效果。线路图中的光敏二极管、触须、电机这些对安装方位有要求的器件，一定要事先规划好。

2 用不透光材料包裹好光敏二极管，只使它的前部透光，我用的是黑色热缩管。两只光敏二极管需要呈一定夹角排列，形成机器龟的虚拟视野。光敏二极管周围尽量清空，方便以后调整夹角。

3 74HC245构成电机的双向驱动，需要根据电机的规格来叠加芯片，以获得足够的驱动电流。两片叠加起来，驱动桥每臂可以输出140mA的电流，足够驱动普通小型电机了。叠加的芯片最好焊接在一起，防止个别引脚接触不良导致电路工作不正常，使能跳线也可以直接焊接在芯片上，形成一个独立的功能模块。

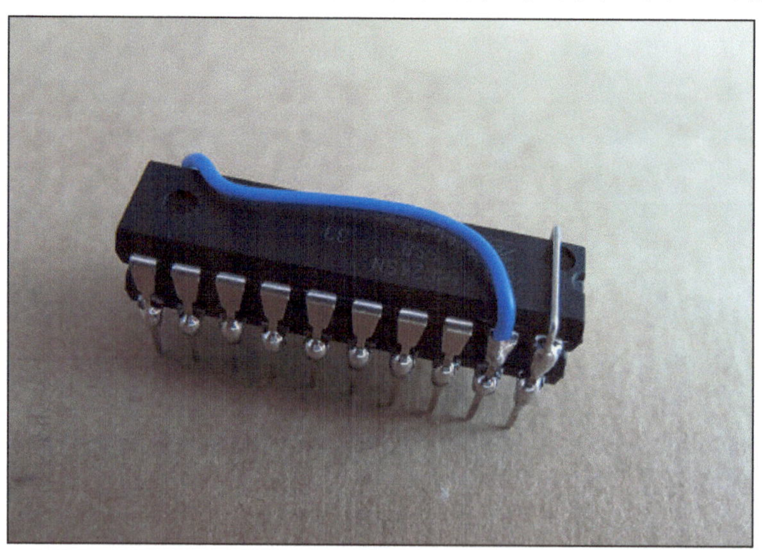

4 触须开关的制作：拆出工业冷压端子的铜芯，其实就是一个细铜管，读者也可以找其他合适的材料替代。

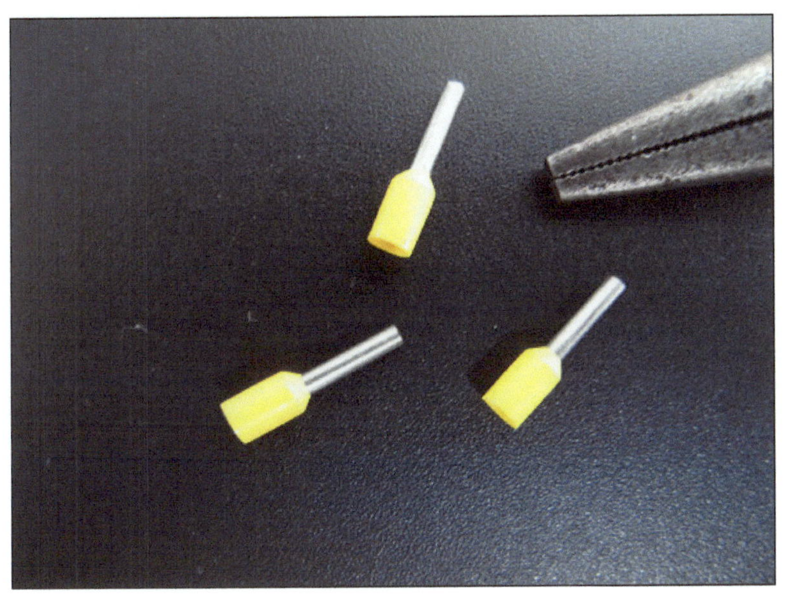

5 用细钢丝弯成触须，触须的末端，套一节绝缘管，插入细铜管里，再与相对应的电路节点连接。调节绝缘管与细铜管的配合，就可以微调这个开关的灵敏度。经过试验，我发现钢丝是无法焊接的，最后使用从电线里面抽出的细铜丝把它捆绑在节点上，外面堆焊锡加以固定，实际效果还可以。

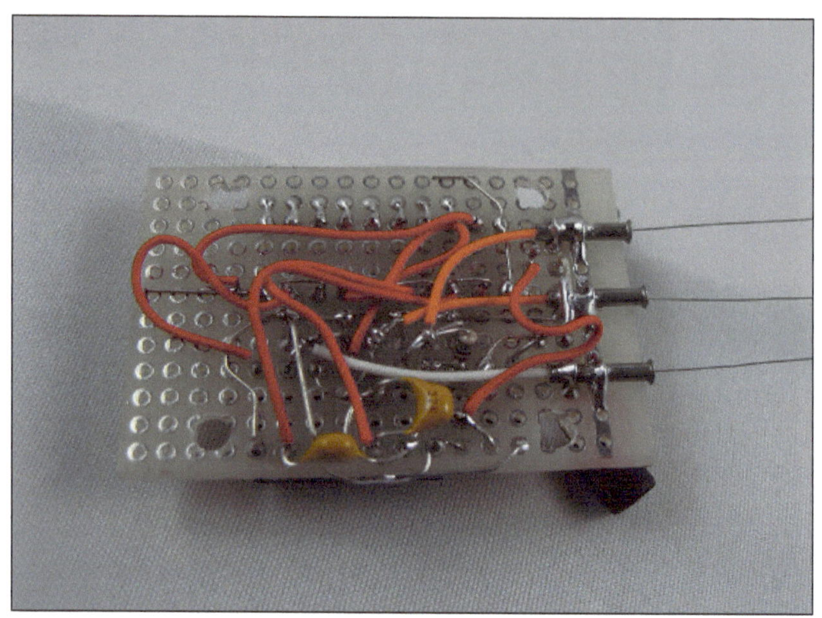

3.2.3 总体装配和调整

1 把电路部分装配在移动平台上。

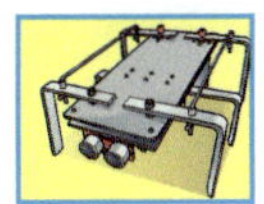

2 3只触须的形状需要配合外面罩的保鲜盒调整好，使它们互不干扰。

3 调整好水银开关的水平角度，使盒子受到碰撞时，机器龟可以灵敏地进入假死状态。至此，机器龟就制作完成了。

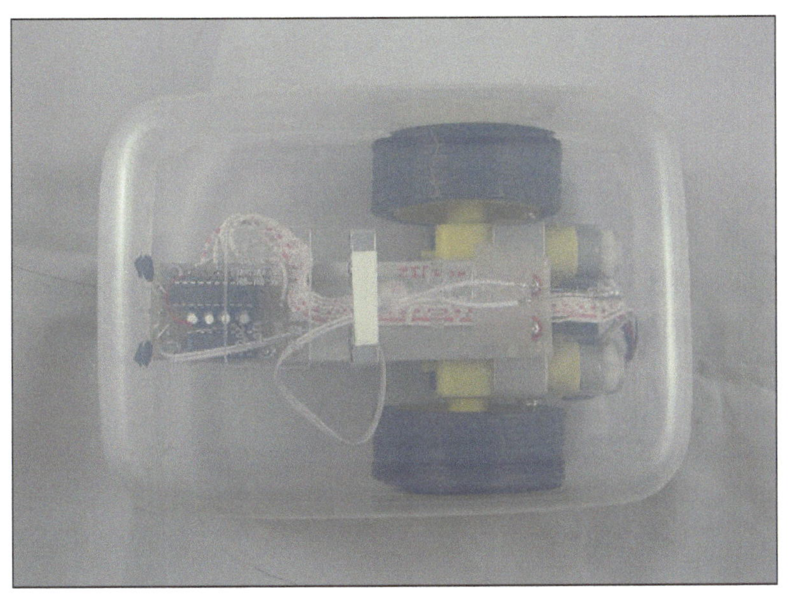

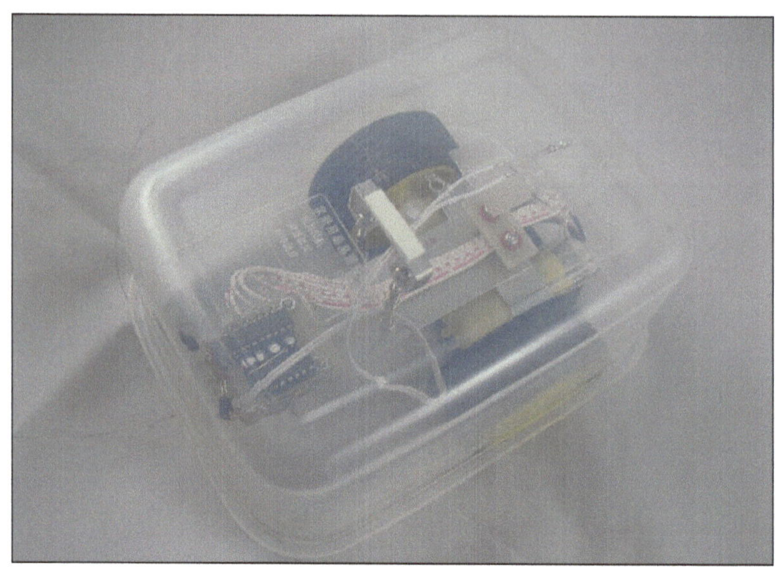

3.2.4 一些想法与功能扩展

与制作好的机器龟相处了一段时间，观察它的行为模式，我发现它有一些脱离设计意图的随机行为。这归因于控制电路和移动平台的不精确性。我对它的看法也逐渐改变：它不是一台机器，而是一只人造电子生物。

Mark Tilden 制定的 BEAM 机器人三大守则：

（1）A robot must protect its existence at all costs.

机器人必须保护自己。

（2）A robot must obtain and maintain access to a power source.

机器人必须维持运转。

（3）A robot must continually search for better power sources.

机器人必须寻找能源。

对比BEAM机器人三大守则，这只机器龟已经具备了一定的躲避障碍的能力，并且可以寻找光源，只差一点了。如果把光源作为维持它运转的能源的话，我们可以做如下改进：

（1）电池仓里换用可充电电池，或者单块锂电池。

（2）在机器龟的外壳顶部安装适量的太阳能电池板。

（3）加入电池电压检测电路，当电压跌落到一定数值时，让机器龟处于静默状态，同时切换太阳能电池板给电池充电；电池充满后恢复运转。电路可以采用电压比较器加继电器的结构，很容易实现。

（4）加入环境光检测电路，在暗环境下强制机器龟进入休眠状态，当光线充足

时恢复运转。太阳能电池板可以兼顾环境光传感器，同样采用电压比较器和继电器的结构，与外壳里面的水银开关并联工作。

3.3 活灵活现的比目鱼

4 个传感器和一片逻辑电路巧妙搭配在一起，就可以制作出行动异常灵活的机器人。

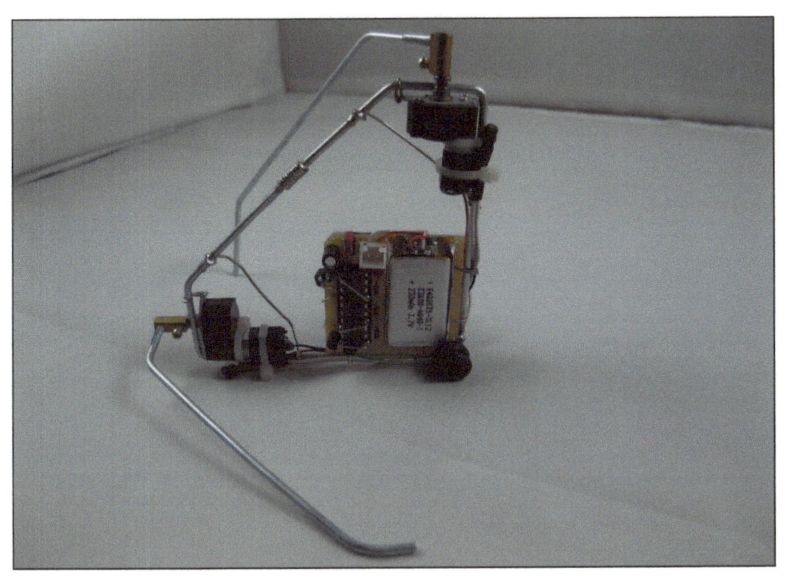

比目鱼机器人，英文名称为 TURBOT，是一种运动方式非常独特的 BEAM（仿生 - 电子 - 艺术 - 机械）机器人，它充分体现出了 BEAM 机器人不拘一格的设计理念。比目鱼机器人是 BEAM 机器人的发明者 Mark Tilden 根据图灵机理念设计出来的。图灵机的概念是一个很大的范畴，缩小到机器人领域，用简单的一句话来形容，就是“通过机械运动来描述计算机的运行效果”。感兴趣的读者可以去 http://en.wikipedia.org 搜索更多的信息。

众所周知，机器人的设计和制造所涉及的知识门类极宽，几乎涵盖了人类智慧的所有结晶。这部比目鱼机器人的设计更是体现了机械的艺术、电路的艺术，还有思维的艺术。作为一只步行机器人，它没有采用以数字计算机为核心的机器人的设计思路，不去考虑步态、平衡、失调和算法等这一系列复杂的问题，而是采用逆向思维，反其道而行之。

BEAM 机器人最大的特点是它们只有反射作用而没有头脑，设计者只是赋予了机器人一定的行动能力还有一套极其简单的逻辑判断能力，其他的地方干脆让机器人自由发挥，不用任何程序加以约束。机器人在行走时失去平衡，那么就任由它失去平衡，跌倒了就任由它跌倒，步态混乱了就任由它混乱，只要保证机器人在简单逻辑的控制下，拥有满足设计要求的行为就可以了。这种看似心不在焉的设计思路，却获得了极好的效果。比目鱼机器人对外界环境的变化有着较强的适应性，行动能力超出一般水平，这是通过它特殊的几何结构和设计者赋予它的简单逻辑来实现的。

3.3.1 制作比目鱼的骨架

比目鱼机器人骨架的制作需要较强的空间想象能力和几何构造技术，并且要有称手的工具来辅助完成制作。这是一部真正意义上的机械-电子装置，与常见的轮式机器人相比，难度一下子提高了很多，可以自由发挥的空间也增加了，个中乐趣只有亲自动手实践才能体会。

图 3-5 所示为常见的两种比目鱼机器人结构形式。比目鱼的两个电机，通常在水平面上呈 90° ~180° 夹角排列。两个电机的输出轴各有一个摇臂，在电机的驱动下运转，带动机器人运动。

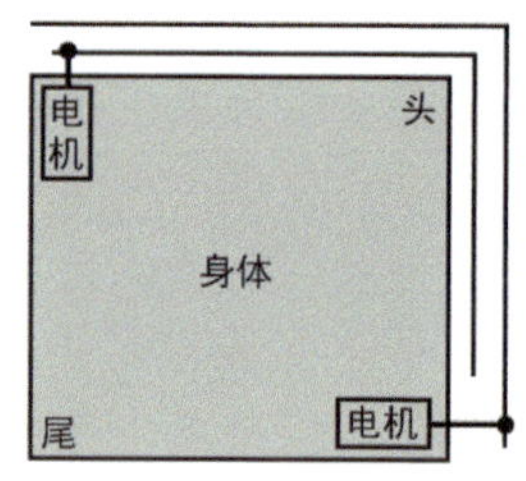

(1) 电机输出轴呈 90° 夹角排列

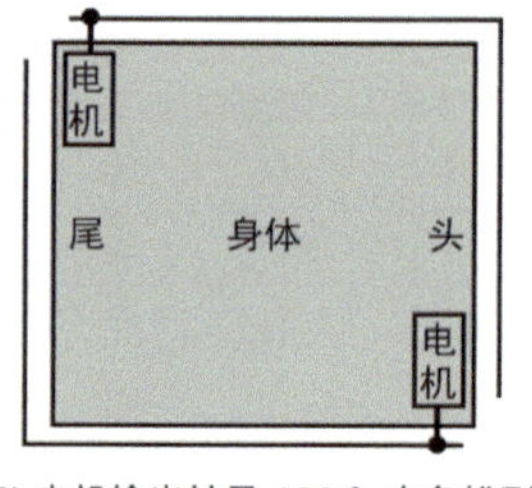

(2) 电机输出轴呈 180° 夹角排列

注：粗线为电机输出轴，与输出轴相连的中粗黑线为机器人手臂。

图 3-5　比目鱼机器人结构示意图（顶视）

材料：

- 减速电机，2 个
- 自行车条，3 根
- 尼龙扎带，若干
- 曲别针，若干
- 接线端子铜芯，2 个
- M3 螺母，适量
- M3 螺钉，适量
- 橡胶圈，1 个
- 3.7V 锂电池，1 块
- 手机充电器，1 个
- DC 电源插头，1 个

我开始计划使用直径3mm的黄铜棒作主材，制作一只Steampunk（蒸汽朋克）风格的比目鱼，黄灿灿的外观将呈现出复古的美感。但是在实际制作中，我发现黄铜棒很难加工，每次都是折弯到较小的角度就会断裂，反复试验了几次都以失败告终，只能暂时把这个方案放弃。事后查资料得知是和黄铜棒的材质和弯曲成型时的力度有关系。现在做的这只比目鱼骨架，主材料为生活中最常见的自行车条，车条的可塑性非常好，即使折成很小的弧度，也不会裂开。

这只比目鱼的骨架采用经典的TURBOT 2.0结构，两个减速电机的输出轴呈90°夹角对称放置，两个摇臂自减速电机输出轴向内交错到一起，头部做适当变形，以增加行动能力和美感。这个结构不是绝对的，DIY爱好者可以尽情发挥你的想象力，做出外观更炫的骨架。

建议DIY爱好者先去优酷网站看看我制作的比目鱼机器人的视频，对这种机器人的运动方式有个大致了解。理解了它的运动模式，对设计和制作自己的机器人会有很多帮助。备齐所有材料以后，建议不要着急动手，可以在纸上多画画草图，把每个细节都敲定了，才开始制作，防止材料的浪费。

比目鱼机器人视频链接：http://v.youku.com/v_show/id_XMjA0MjA4NjQ0.html。

注意这是我做的第一版比目鱼，两个电机的夹角在160°左右。从视频中可以观察到它在自然光源和人造光源下的追光、转身、自平衡和晒背的特性。

下面是骨架的制作过程。

1 准备好制作骨架所需的材料。

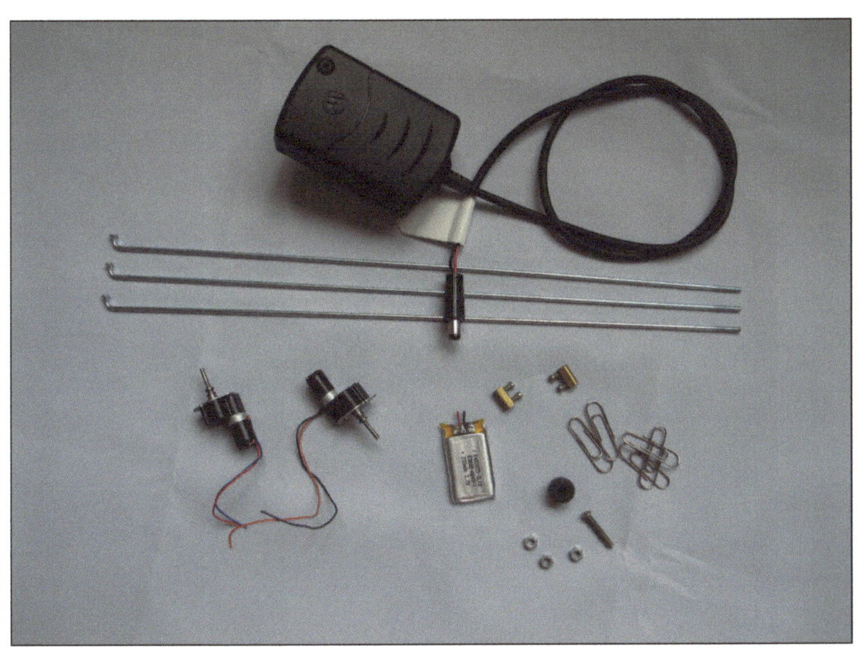

2 借助一对平口钳，弯制出骨架和摇臂。

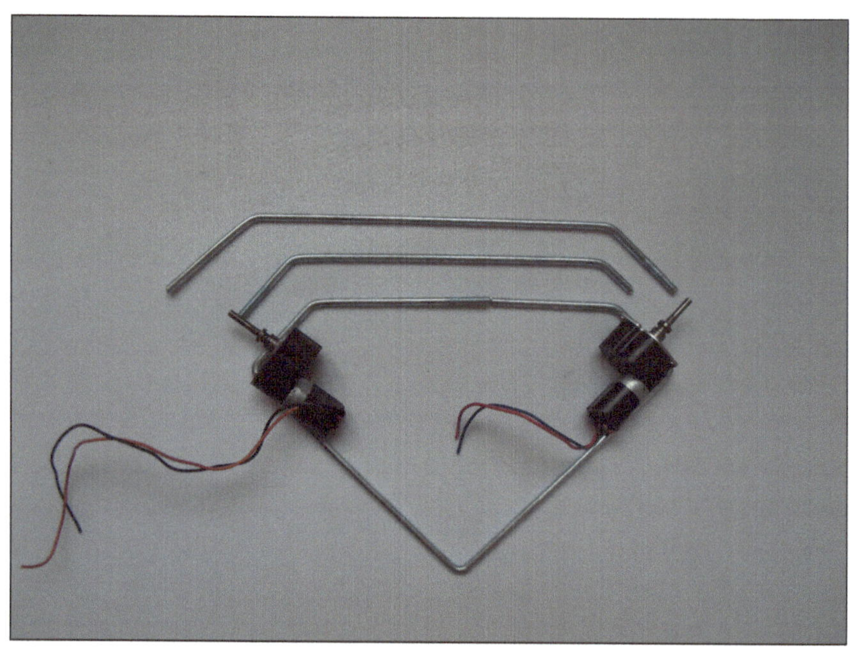

3 把摇臂固定在减速电机的输出轴上。

4 把用曲别针弯制的机芯保护架安装在骨架内侧。

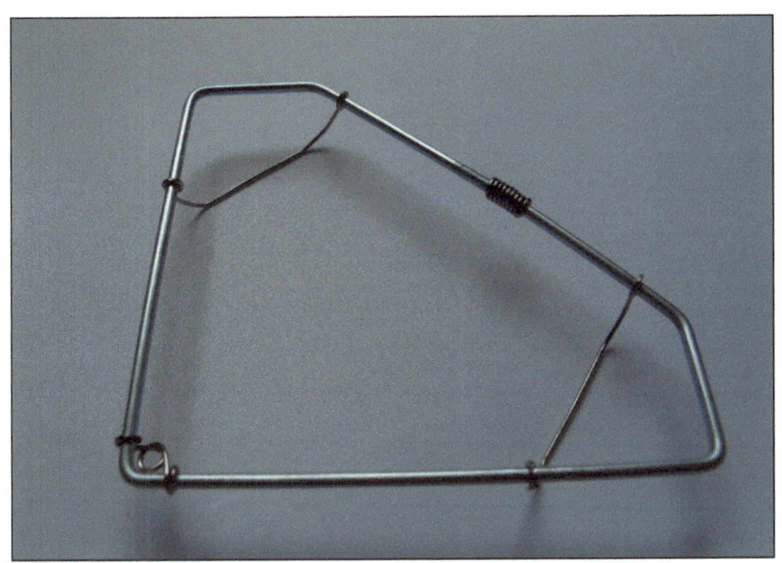

5 用 75W 烙铁焊接好整个骨架。

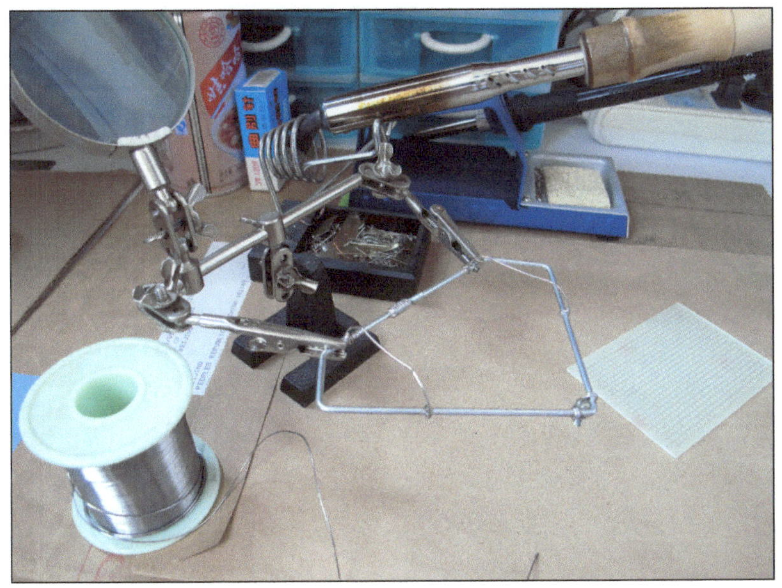

图 3-6 所示是制作完成的骨架，一体银色的外观看起来也不错。照片中展示的是比目鱼机器人在两个摇臂完全伸展时的状态。主框架环形封闭的地方是采用曲别针缠绕车条对接的两头固定，再用 75W 外热烙铁焊接而成。头部两侧对称的两根弧形曲别针用来保护机器人在翻转时不磕碰电机；尾部用曲别针弯制的圆环，用

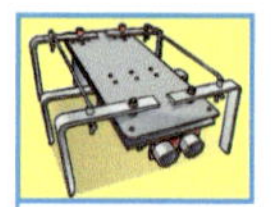

来固定一组螺丝、螺母和橡胶圈。借助摇臂的作用，比目鱼机器人的骨架是以一种翻滚的步态前进的，橡胶圈可以起到减少冲击的作用，既保护机器人的机芯，又防止它在运转时磨坏地面。橡胶圈使用的是一个从废光驱机芯上面拆下的减震垫，把一个M3螺母嵌在里面，可以很方便地与机器人尾部的螺钉配合，还可以微调胶圈的高度。因为这只比目鱼是做单向运动的，只需在骨架上与运动方向相对应的位置考虑减震就可以了。

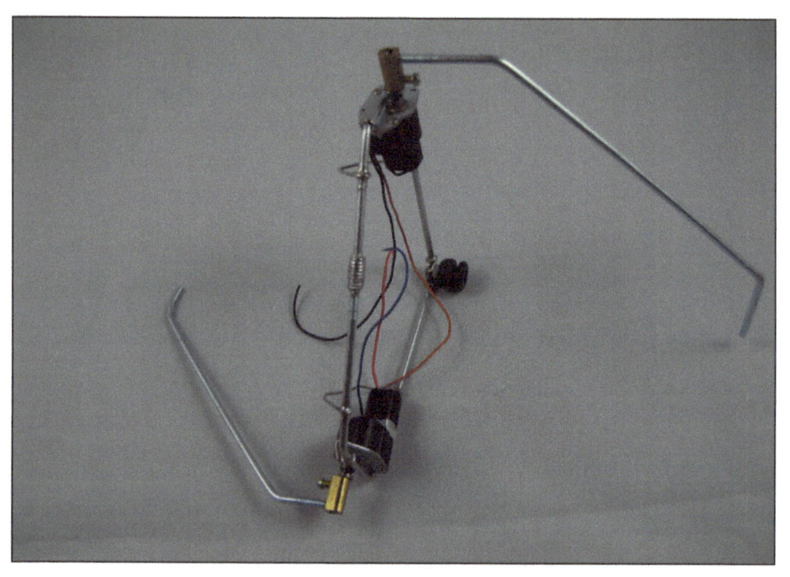

图3-6　制作完成的骨架

车条和曲别针的焊接比预想的要容易，只要烙铁功率足够大，再加上一定的焊接技巧就可以焊出漂亮的外观。在焊接类似车条、铁丝这类大型零件时，正确的做法是先用烙铁头部加热需要焊接的工件，当工件达到一定温度时再把焊锡放上去。借助松香的作用，焊锡会慢慢渗透到工件的接缝里，完成后的焊点很完美。注意在焊接时骨架会很烫，最好把它固定在一个架子上操作，我使用了一个带夹子的放大镜台来辅助焊接。焊点上黑色的松香外皮可以借助小镊子剔除，防止影响美观。

3.3.2　制作比目鱼的电子部分

比目鱼机器人有很多经典的设计，这次制作的是一只基于74HC240的单向运动比目鱼。

注意机器人与纯电路不同，通常一个机器人的设计，都会包括机械和电子两个部分，这两部分需要精密配合，机器人才能很好地工作。如果只有一份电路图，没有配套的机械设计和装配说明，会很难理解它的整个设计思路，若想制作成功，

将会是一个非常大的挑战。

比目鱼机器人的电路如图 3-7 所示，这是源自 solarbotics.net 网站的一个经典的比目鱼电路。

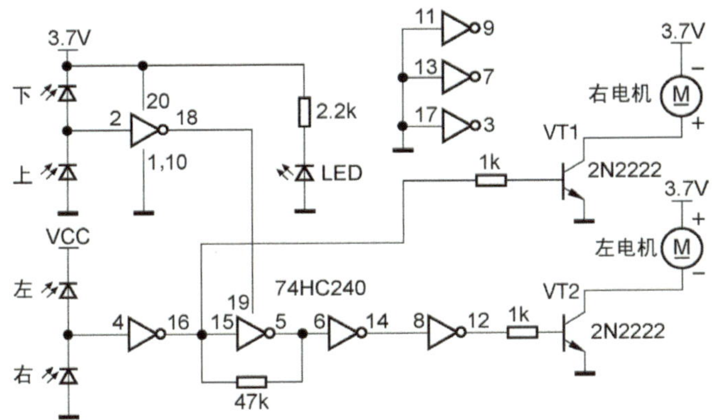

图 3-7　比目鱼机器人电路图

通过分析图 3-7 中的电路，可以归纳出这只比目鱼机器人的几组运行状态：

状态	左眼	右眼	上眼	下眼	左电机	右电机
1	亮	暗	亮	暗	停	停
2	暗	亮	亮	暗	逆时针	顺时针
3	亮	暗	暗	亮	逆时针	停
4	暗	亮	暗	亮	停	顺时针

元件：

- 3mm 光敏二极管，4 个
- 74HC240，1 个
- 20pin 插座，1 个
- 3mm LED，1 个
- 2.2kΩ 电阻，1 个
- 1kΩ 电阻，2 个
- 47kΩ 电阻，1 个
- NPN 型通用三极管，2 个
- 细导线，若干
- 小开关，1 个
- 10μF/63V 电解电容，1 个
- M5 热缩管，适量
- 洞洞板，1 片

比目鱼的电子部分非常简单，均为常用元器件，在材料的选择上尽量小型化，

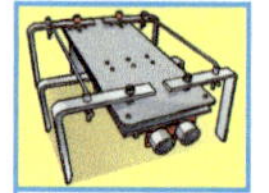

电阻使用的是 1/16W 的，电源开关则用单片机实验上常用的短路跳线替代，备齐的全部材料如图 3-8 所示。整个电子部分借助一小片洞洞板制作而成，以下有几个需要注意的地方。

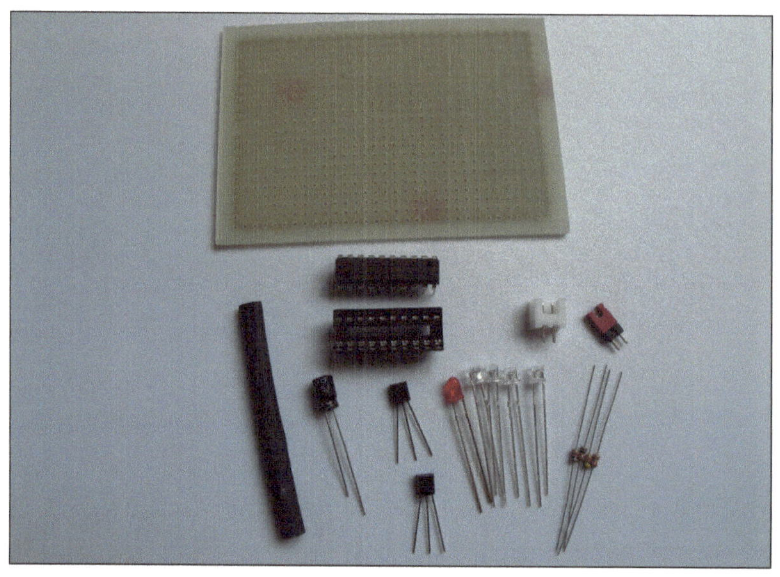

图 3-8　备齐的全部材料

1 规划好对安装方位有要求的元器件。上、下两眼的光敏二极管直接安装在控制电路板上，左、右两眼的光敏二极管则用尼龙扎带捆绑在与之对应的减速电机的外侧，受光面朝向电机的输出轴，形成机器人的虚拟视野，如图 3-9 所示。

图 3-9　左眼固定在左侧电机上的特写

2 4个光敏二极管都要套上热缩管，只让它们顶部的受光面可以射入光线，加强指向性，减小周围的干扰。此外，在电路中，上、下和左、右两组光敏二极管分别反向串联再并联在电源的正、负两极，入射光越大，二极管自身消耗的电流也越大，包裹以后可以减小入射光，延长电源续航时间。

3 洞洞板上面跳线的焊接，可以灵活处理，比如有的跳线可以直接焊在74HC240芯片上，既减少了背面焊盘之间走线的数量，又增加艺术观赏力。芯片上面焊接的交叉错落的导线，看起来更像生物的神经，使整块电路板充满了后现代的风格。在洞洞板的边沿，各留一排空焊盘，用于与骨架之间的固定。

4 机器人的电源使用的是一块3.7V /230mAh的锂电池，取其轻巧、容量适中、充电方便这几个优点。淘宝上有很多MP3、MP4的替换锂电池，价格一般在5～10元，注意要选择内置保护电路板的锂电池。3.7V电压已经足够驱动74HC系列CMOS集成电路很好的工作了，230mAh的容量可以驱动这只比目鱼机器人工作1h以上。注意，锂电池若充电或使用不当会有起火爆炸的危险，在制作前一定要对这类电池的性质和使用方法有透彻的了解，或者在有一定经验的专家指导下进行操作。为图安全，比目鱼的电源也可以使用3节7号（AAA）电池替代。

电源充电器使用一个报废摩托罗拉手机的充电器，规格为4.4V/1.1A，改制而成。剪掉充电器连接手机的专用端子，找出芯线里面的直流电压正、负两极，焊在一只4.5mm插头上。

焊接完成的电子部分如图3-10和图3-11所示。

图3-10　图中左侧的光敏二极管为机器人上眼

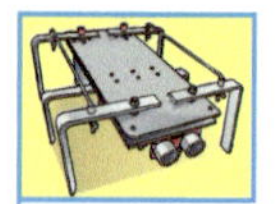

图 3-11　图中右侧光敏二极管为机器人下眼

图 3-12 所示是电子部分装配在机器人骨架上面的样子。洞洞板缺口的方向对着尾部的橡胶圈，沿骨架的直角边嵌入到车条的内侧，借助洞洞板上留出的两排空焊盘，用细金属线把它们捆绑固定在一起。至此，我的这只比目鱼机器人就大功告成了。

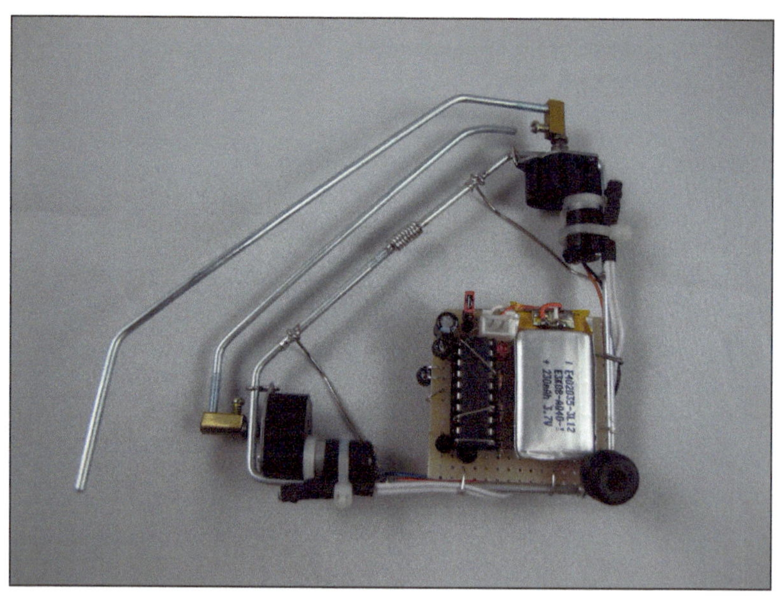

图 3-12　电子部分装配在机器人骨架上面的样子

银色的骨架、黑色的电子元器件、花色的导线，搭配在一起显得清爽干净。而整个装置特殊的几何结构，又使这只机器人带有一点超现实色彩。不要小看这区区几个元器件的能力，通电以后可以产生意想不到的效果。

3.3.3 最终效果和改进想法

上文运行状态表中所列的只是根据电路分析出来的电机运转模式，机器人的实际运行情况会很复杂。因为比目鱼的几何结构比较特殊，受地面状况、摇臂形状和电机速度等影响，机器人运动变化的范围会非常大，呈现出多种行走姿态。而受姿态的影响,4 个光敏二极管的入射光也跟着不确定地变化着，再加上反相器的非线性特性进一步影响电机的转动，使机器人的行动方式充满了不可预见性。而它最终的运行的效果又符合预定的设计，即具有追光和晒背行为。

这只比目鱼机器人最有趣地方的是它的晒背行为，每当机器人走到较强的光线下，就会以一种不固定的姿态停下来，左侧略微倾斜向着光线入射的方向静默。当它晒背的时候，如果悄悄走进它，只要有一丁点的光线变化，都会再次激活这个机器人，很炫吧?

通过观察它的晒背行为，最先想到的改进方法就是在机器人背部安装太阳能电池，使它在晒背的同时给锂电池充电。

这只比目鱼是一个单方向运动的机器人，机器人在行进的方向遇到障碍时，可以借助骨架的几何结构做简易的避障运动。但是它的摇臂在行进中遇到障碍时是不会停止的，有一定的破坏力。为了保护机器人自己和它周围的物体，可以考虑给它的电机加上失速检测电路，当摇臂“抓到”诸如桌子腿这类东西时可以自动反方向释放。

第4章

用神经元制作的机器人

神经元是BEAM机器人里面比较高级的技术。神经元电路也是由74HC系列逻辑集成电路构成的，神经元可以像太阳能引擎那样单个运行，也可以用多个神经元组合成复杂的神经网络。

神经网络是一种振荡工作的非线性模拟控制系统，好比赋予机器人一颗跳动的心脏。神经元的最大价值是它较好地解决了数字方法很难处理的实时控制问题。神经元可以在电路与执行机构（电机）之间建立起一种反馈机制，利用这种特性，我们可以制作出基于适应控制的机器人。

4.1 由神经元组网构成的蛇形机器人

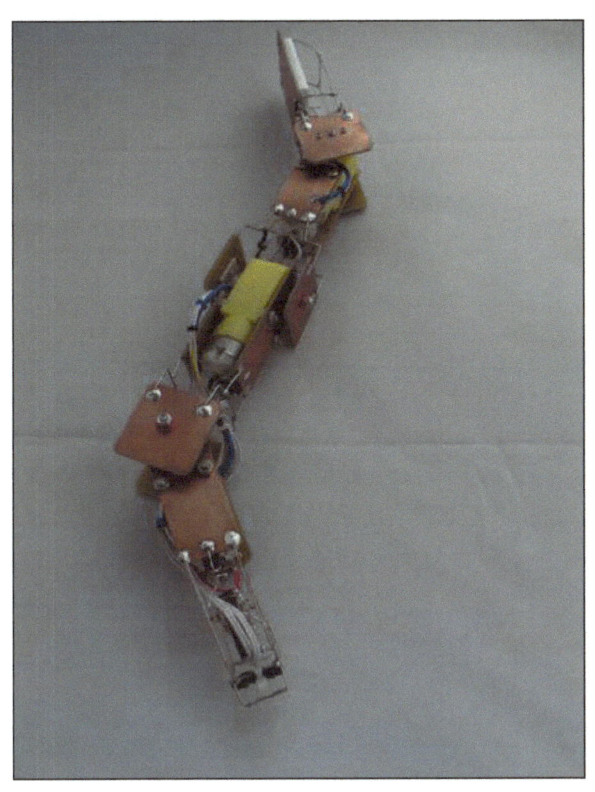

这个蛇形机器人使用3个电机驱动，制作难度适中。电子部分采用模拟控制方式，由3个神经元以级联组网的方式构成一个依时序递进的脉冲发生器，控制H桥驱动3个电机控制整部机器人做蛇形前进。在第一组神经元上还安置有红外线传感器，使得这个蛇形机器人可以对可见光或红外线产生反应，具有寻光或者避光的特性。

我收到大量机器人爱好者发来的反馈信息，其中比较集中的问题还是关于机器人结构的制作。对于从电子过渡到机械-电子的爱好者来说，机械部分的确是一个比较大的难题。从电子的角度来说，爱好者现在已经有条件完成板卡级电路板的制作，PCB、SMT、焊台、风枪、锡浆等再也不会是高不可攀的名词。而从机械角度来说，受成本的限制，我们可以利用的资源仍然很有限。

下面总结一下大多数爱好者在制作机械部分时使用的方法：

（1）完全自己动手，自己设计，自己购买材料，自己加工。这种方法自由度很大，适合从玩模型转到玩机器人的爱好者。缺点是对制作者的技术要求比较高，配套的加工工具也是一笔不小的开支。

（2）使用数控机床（CNC）加工。现在小型雕刻机的价格已经做到普通爱好者也可以承受的范围，借助它可以提高加工的精度和效率，这种方式尤其适合机械专业的爱好者。缺点是设备的投入大，对加工环境要求高。

（3）购买厂家的成品。在网上可以买到很多机器人“裸机”，比如装备了开发板的机器人小车、机械手、蜘蛛机器人、双足机器人等；还可以买到一些具有独立功能的配套金工件，比如云台、舵机框架等。这种方式简化了金工制作的环节，缺点是自由度低，无法达到个性化设计要求。

其实，只要把第一种方法灵活运用，合理选择身边的材料，仍然可以达到降低制作难度、提高观赏性的效果。本文中的蛇形机器人就是一个很好的例子，希望给读者在机械部分的制作上以一些启发。

4.1.1 制作蛇形机器人的骨架

我在开始设计这个蛇形机器人结构部分时，计划采用和6足昆虫机器人相同的材料。由1mm厚的5052铝板搭配金属减速电机组成蛇的关节，关节之间使用螺钉和自锁螺母连接，工艺比较复杂。后来在整理房间时，翻出一张颇具历史感的覆铜板，表面已经氧化得不成样子了，基本就是一张废板，我就开始计划怎样可以把这张板子利用起来，把它化腐朽为神奇。虽然这张覆铜板的铜箔面已经氧化得坑坑洼洼，但是做大面积地线还是可以的，另外覆铜板也有一定的机械强度，可以满足微型机器人骨架的要求。于是，一个使用覆铜板与曲别针组成蛇形机器人结构的“降级”方案就形成了。

材料：

>> 覆铜板，1块

>> 减速电机，3个

>> 曲别针，适量

>> 螺丝、螺母、垫圈，适量

>> 铜铆钉，适量

>> 尼龙垫圈，3个

1 图示为蛇形机器人结构部分的主要材料。构成这个蛇形机器人骨架的主要材料是覆铜板，读者也可以变通一下思路，使用高品质的洞洞板来制作。洞洞板的优点是孔洞排列横纵有序，裁切和对齐比覆铜板方便得多，可以保证一定的精度。材料虽然降级了，加工与装配过程中的细节却是一点也不能马虎，这也是机器人制作的乐趣所在。

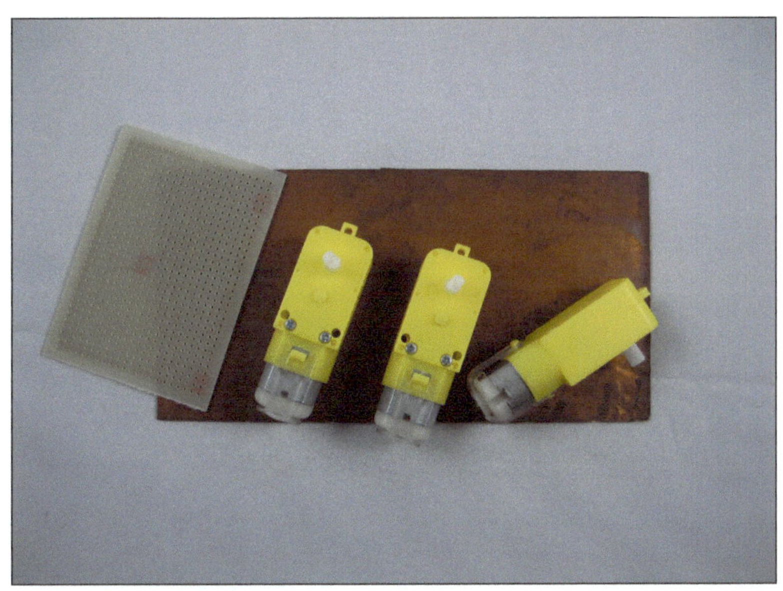

2 把覆铜板裁切成如图所示的4小块，它们的用途是把普通的减速电机改造成一个类似舵机的组件。3个减速电机需要3套这样的材料。两小块洞洞板起到防止电机轴打滑的作用，下文有详细的图片说明。

3 蛇体的每段组件之间，使用曲别针焊接连接。使用铜铆钉加固的方法，提高连接点的机械强度。铆钉穿过覆铜板上预先打好的小孔，再用一只丝锥冲开尾部，敲平，使之与板子紧密结合。为了增加观感，我用去污粉（厨房常用

的那种）擦去了覆铜板表面的氧化层。并在板子表面涂了一层松香水，起到防止氧化和方便焊接的作用。这几个小零件，除了电机的固定孔以外，其他地方对加工精度没有要求，甚至可以把外形处理得粗犷一些，以增加一种不合谐之美。

4 图示为减速电机输出轴一侧小板的安装方法。电机使用的是平价机器人小车最常用的那种塑料齿轮箱的减速电机，单侧出轴。

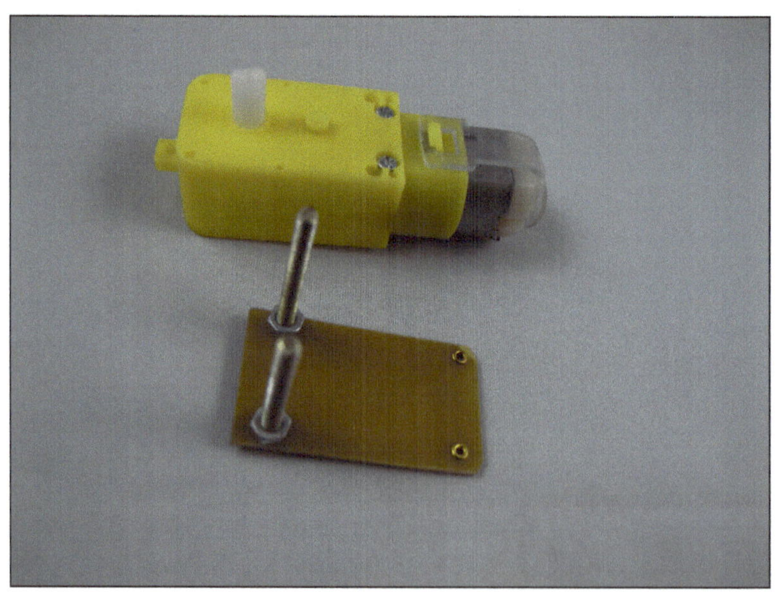

5 侧板的固定螺丝应该预留足够长度，使之可以穿过减速电机安装孔，用来在另一侧固定虚位延长板。

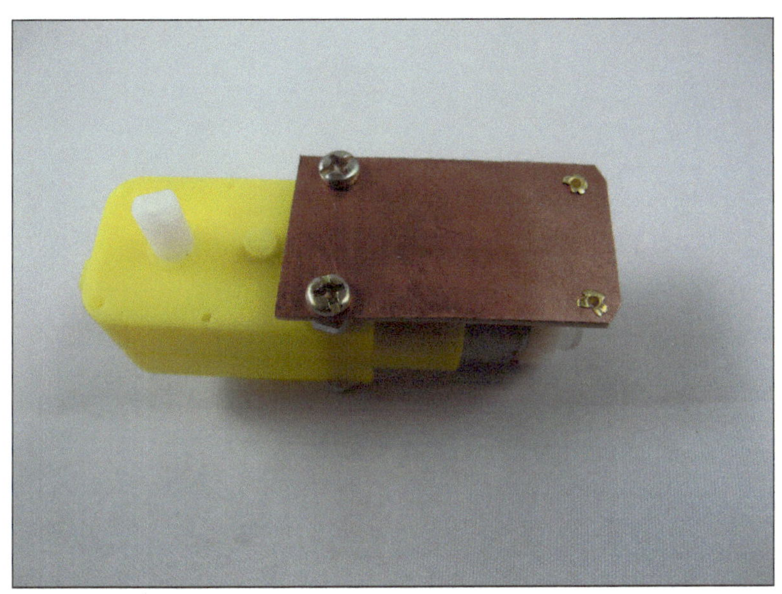

6 图示为虚位延长板安装方法。板子右侧预先用螺母固定好一枚螺丝，此螺丝将作为减速电机的虚轴。

7 两片侧板安装就位的样子，电机夹在中间。上面的螺丝为电机虚轴，输出轴位于与之对称的下侧。

8 开始安装虚轴上的“舵盘”。先在虚轴上套一个尼龙垫圈。垫圈在这里起到两个作用：其一是使舵盘与虚轴之间滑动顺畅；其二是在舵盘和电机之间留出一个适当的间隙，为电子部分的安装提供空间。

9 图示为虚位舵盘安装就位的样子，在舵盘上加一个薄垫片，最后用锁紧螺母固定好。锁紧螺母不要上得太紧，以舵盘可以灵活转动为限。

10 安装电机输出轴一侧的舵盘。两片洞洞板预先固定在舵盘的反面，注意事先要计算好间距，使它们之间的平行槽正好可以牢固地卡在电机轴的平面上。

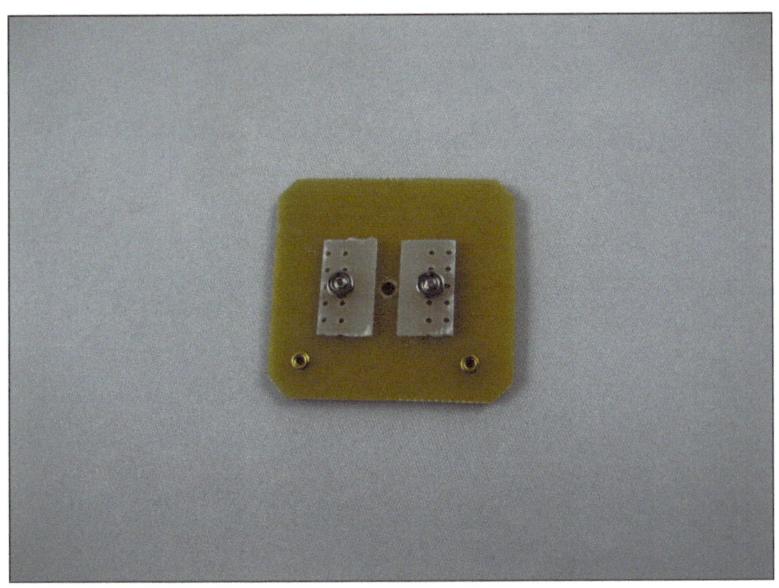

11 在铜箔面用一颗自攻螺丝固定好舵盘与主轴。舵盘与轴的结合位置可以适当使用热熔胶棒固定。

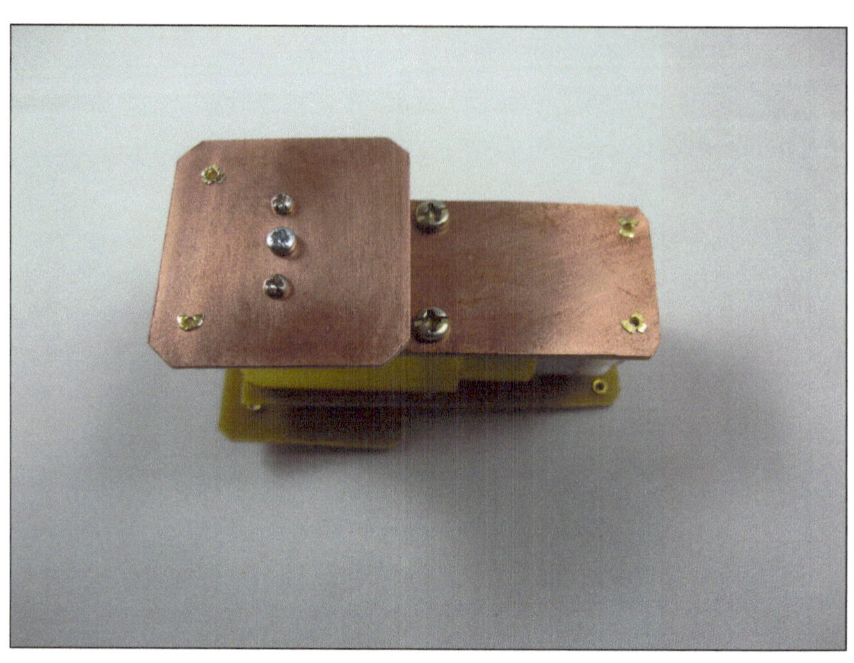

12 装配完毕的电机组件如图所示，从侧面可以看出这4块覆铜板的相对位置。3个电机使用相同的方式装配好待用。

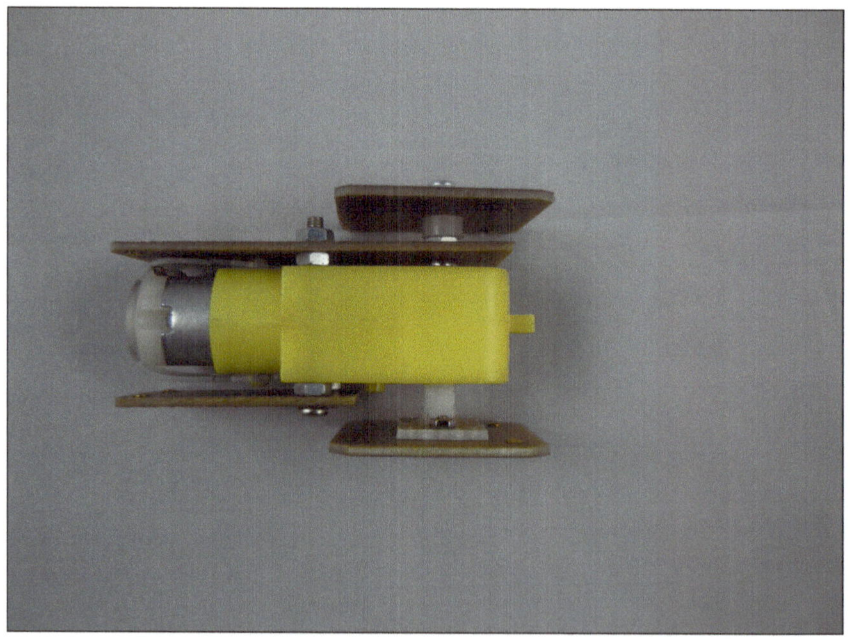

13 下图为蛇形机器人尾部组件示意图。尾部组件将用来安装蛇的电源部分，结构比较简单，就是一块覆铜板。注意把板子留出适当宽度，使它刚好能容纳下一块锂电池。

14 使用曲别针连接好3个电机组件和蛇尾部分。图为两个电机组件之间的连接。

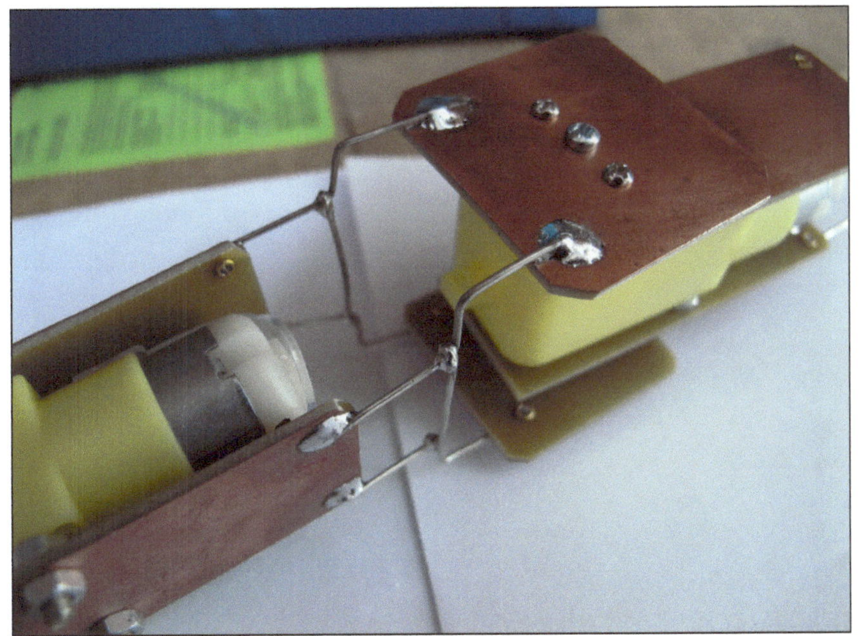

15 注意从蛇头至蛇尾，组件之间的主轴依次相差90°，呈螺旋形排列，有点类似DNA螺旋的样式。这样排列可以增加蛇形机器人的活动能力，使它既可以水平爬行，又可以垂直蠕动。

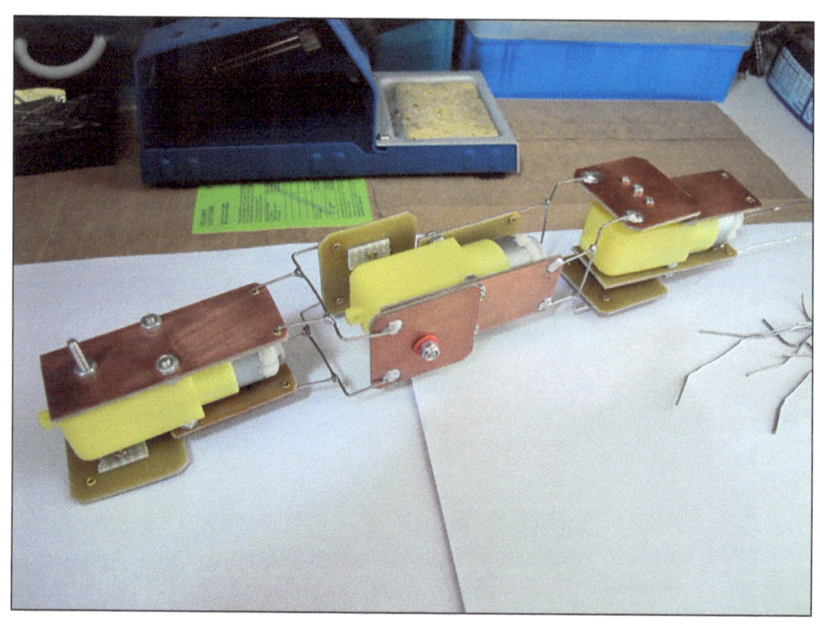

16 蛇形机器人的结构部分组装完毕。每个关节之间由曲别针组成的框架相连，框架内部用来装配电子部分，框架也起到保护电子部分的作用。

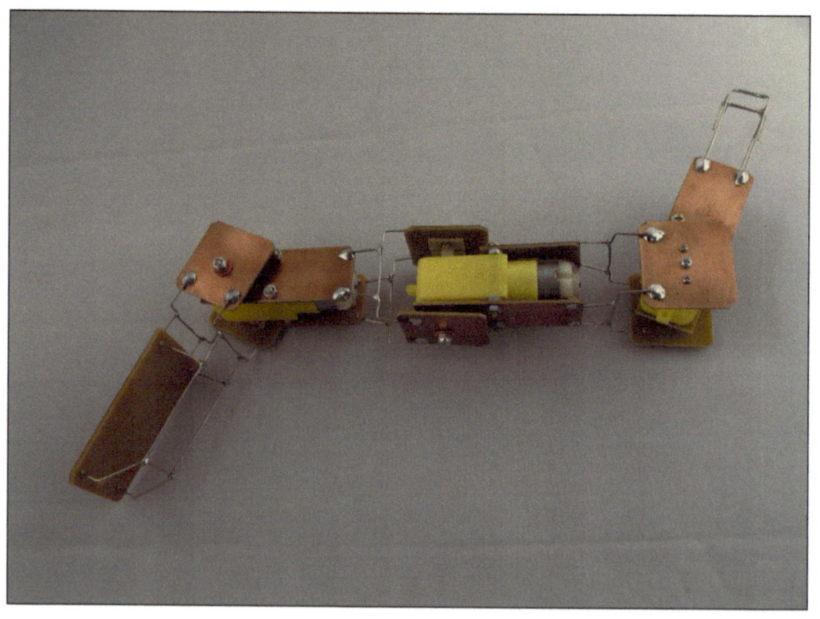

使用降级材料组装的蛇形结构，加工非常方便，只需要小电钻和锯条，其他就是一些电子爱好者的常用工具了。另一个优点是造价低，按我的估算，制作这个结构的成本大致在20元左右，即使加上电子部分，总造价也不会超过50元。

4.1.2 制作蛇形机器人的电子部分

3个电机的H桥驱动电路如图4-1所示。H桥正、反向输入端的两个电阻为三极管的偏置电阻，阻值可以在50kΩ～1MΩ选取。阻值越小，H桥对神经元电路的吸收的电流越大，机电反馈效果越明显。反映在机械部分就是蛇关节的组件可以随着运动负荷的轻重自行调节单侧的摆动幅度。经过试验，我使用100kΩ的输入电阻。

H桥驱动电路元器件：

- >> 小型NPN三极管，12个
- >> 小型PNP三极管，6个
- >> 0.1μF磁片电容，3个
- >> 100kΩ 电阻，6个

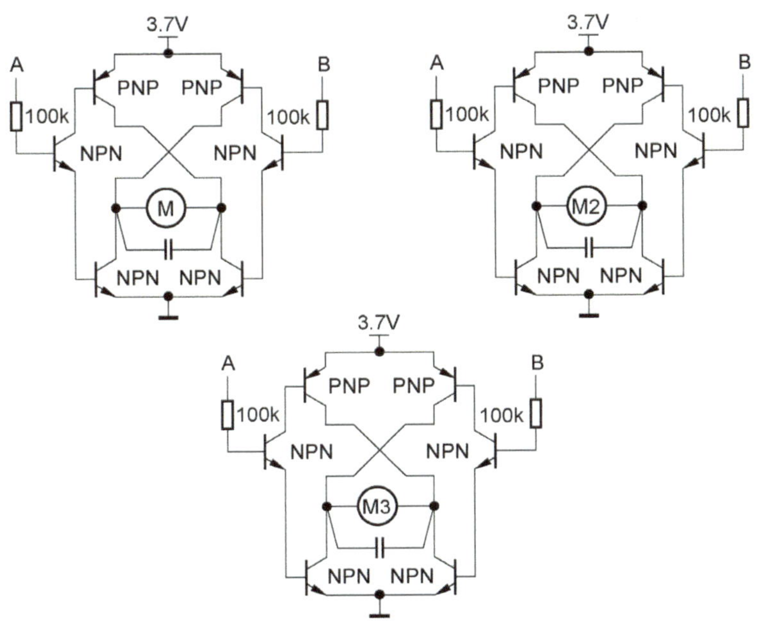

图4-1 分立元件H桥

蛇形机器人的控制电路如图4-2所示，由3组BICORE神经元电路级联构成。第一级神经元电路的输入端安装有红外线传感器，两个红外线二极管可以感知光

线的方向，使其可以控制蛇形机器人头部第一个关节组件的摆动方向，变换红外线二极管的安装位置，可以控制蛇形机器人做寻光或者避光爬行。神经元级联的妙处是可以把第一级的信号递进发送至下一级，电路中第二、三级神经元通过电阻R3与上一级相关联，前一级神经元的微小变化可以传递到下一级。举例说明：蛇头部感应到一个光线的变化或者负荷发生变化，这个信息将会经由第一关节组件、第二关节组件、第三关节组件一直传递至蛇尾，呈现出类似大自然中蛇类的神经反射效果。

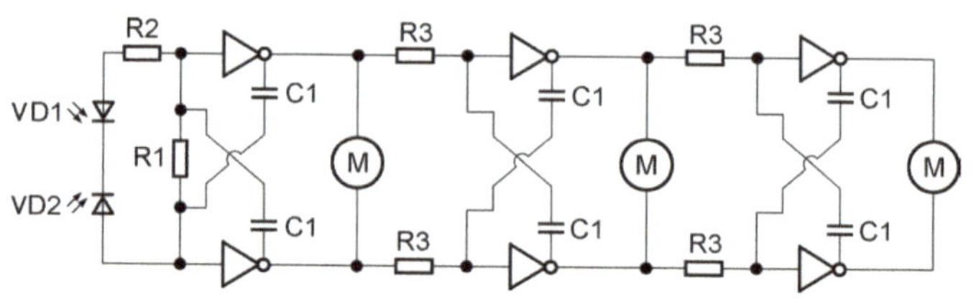

图4-2　3电机蛇形机器人控制电路

R2和R1为神经元输入端的补偿电阻，配合红外线二极管工作。它们的作用是抑制蛇在黑暗（相当于两个红外线二极管开路）或者高光（相当于BICORE单向短路）环境下的停摆或者高频振荡。电路中的阻容数值可能需要根据机械部分的实际运转情形稍微调整。

控制电路元器件：

>> 反相器：74HC240，1个
>> R1：3.3MΩ 电阻，1个
>> R2：100kΩ 电阻，1个
>> R3：2.2MΩ 电阻，4个
>> C1：0.22μF无极电容，6个
>> 电源：3.7V锂电池，1块
>> 其他：小开关、导线，适量

1 电子部分的全部元器件如图所示。在这只蛇形机器人的电路制作中，为了追求美观，全部电路单元均使用缠绕焊的手法组成独立的模块，没有准备常用的洞洞板。其实曲别针的框架已经留有足够的空间安装小型电路板，读者在仿做的时候可以酌情使用自己擅长的装配工艺。此外，蛇关节组件外层的覆铜板也可以用来焊接简单的电路单元。首先制作3个电机的驱动电路。考虑到蛇形机器人装配起来以后的重量比较大，整条蛇在爬行时落到每个电机上的负荷也会比较大，我使用6个晶体管组成H桥电路来控制电机的正反转。最后的运行结果证明H桥驱动的效果非常好，蛇关节的运动比较

有力。如果使用74HC245这类BEAM机器人常用的驱动芯片，会出现关节摆动幅度变小，关机负荷加重时速度跌落过快的结果，好像这只蛇形机器人得了“软骨病”。

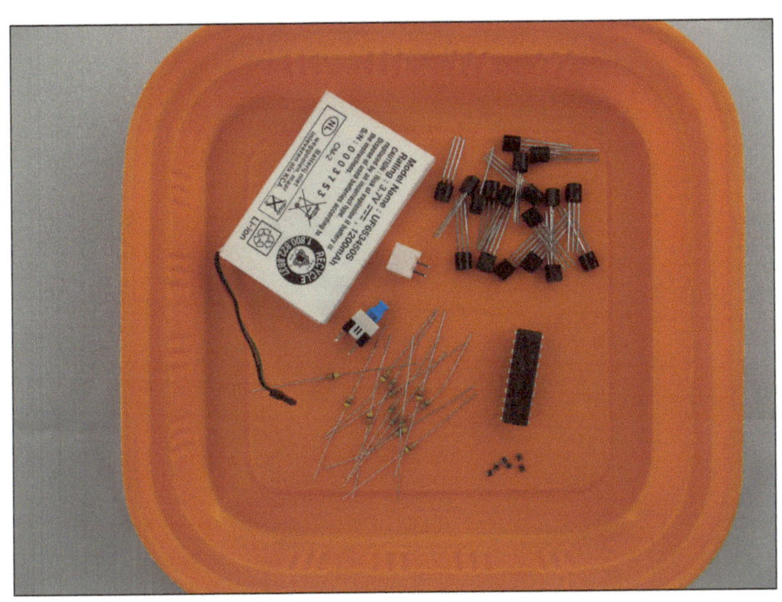

2 借助放大镜架子，固定焊接好H桥驱动模块。因为H桥电路比较简单，只要将6个三极管的布局规划好，将18个引脚朝上，在引脚上搭棚焊接好相关节点就可以了。

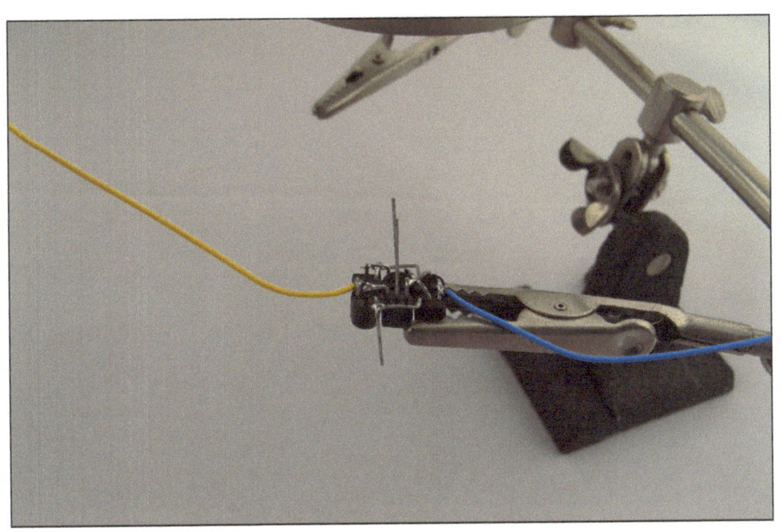

3 图为弯头镊子夹起的一只缠绕焊工艺制作完毕的H桥驱动模块，整体非常小巧紧凑。H桥输入端的电阻没有焊上，电阻可以同H桥焊接在一起，也可以串接在从机器人头部控制部分贯穿至H桥输入端的电缆之间。需要给蛇形机器人的3个电机组件制作3个同样的模块。

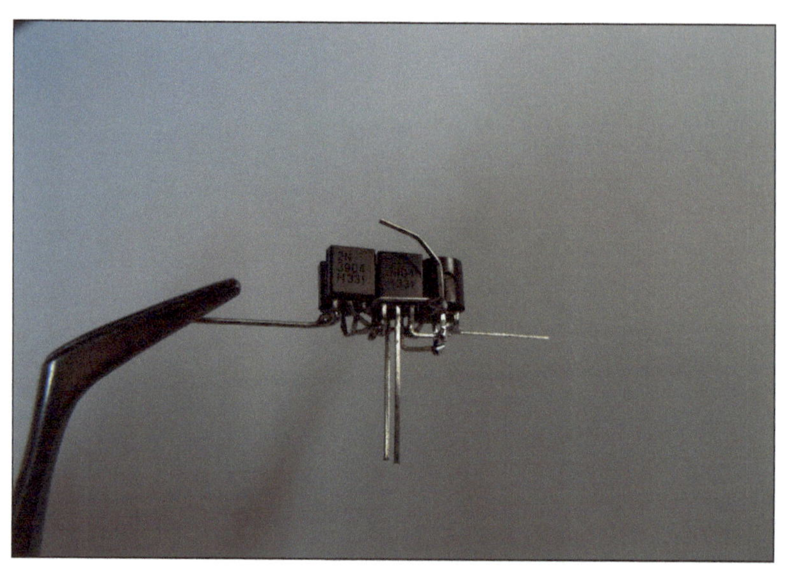

4 这是使用缠绕焊工艺制作的控制模块。注意要把74HC240的第1脚和19脚接低电平（电源地），使芯片使能。

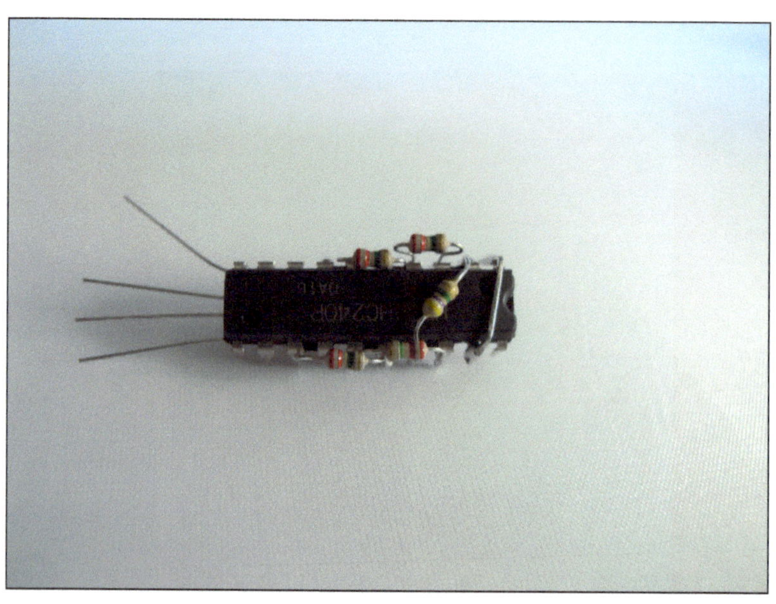

5 这是控制模块的底部。C1选用的是6个0805封装的无极电容，这样可以直接把电容塞在芯片引脚根部的夹缝里。注意74HC240内部有8个反相器，需要把用不到的2个反相器输入端接至低电平，防止干扰。

4.1.3 总装和运行效果

蛇形机器人的总装是一件相当花心思的工作，控制部分安装在蛇头，电源安装在蛇尾，从蛇头至蛇尾有一组贯穿电缆，用来给各个单元电路提供动力和控制信号。要保证电子部分与机械部分结合牢固，还要保证各个关节之间的电缆不会影响到舵盘的灵活运转。

1 首先安装蛇尾的电源部分。用双面胶带把锂电池固定在尾部的框架之中。使用一根粗导线（图中蓝色导线），由尾部至头部，连接好各个关节之间的铜箔，作为整条蛇的电源地。舵盘与电机之间的间隙，用来安置这根导线，注意在关节活动的地方给导线留出一定余量，使它不会限制到关节摆动的幅度。

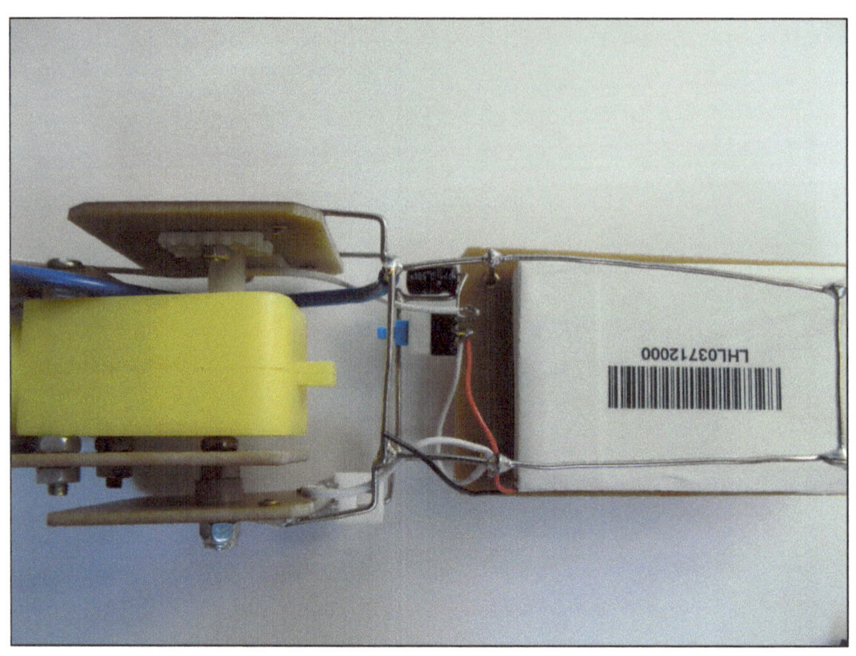

2 在尾部组件与第三关节之间的框架中，安装好电源开关和充电插座。一个小型双刀开关直接“骑”在覆铜板边沿，把用不到的一侧焊接在铜箔面。读者也可以使用洞洞板等自己擅长的安装方式。

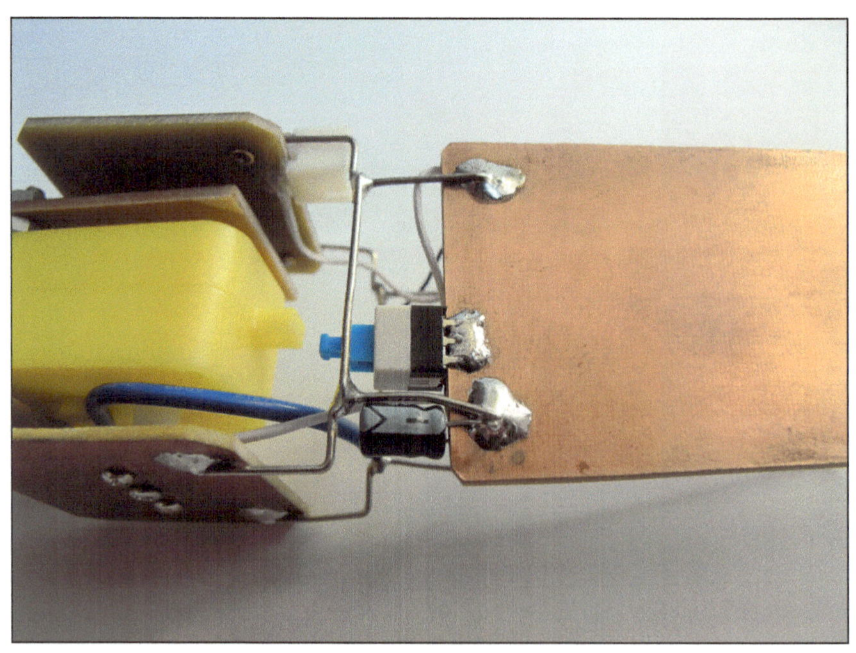

3 蛇形机器人的控制模块——3个H桥驱动模块准备完毕，开始最后的总装。

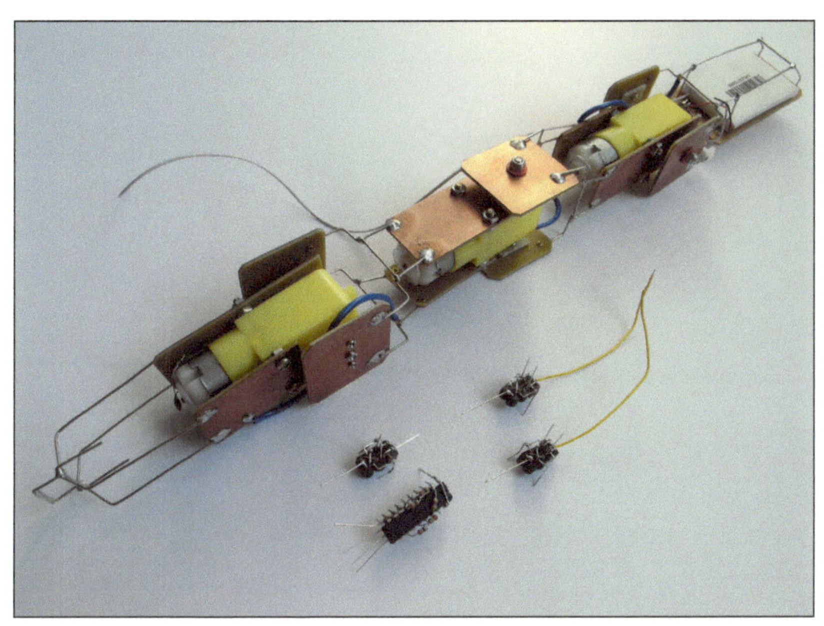

4 这是蛇头部控制模块的配线，右下角黑色部分为用两个红外线二极管制作的蛇眼组件。

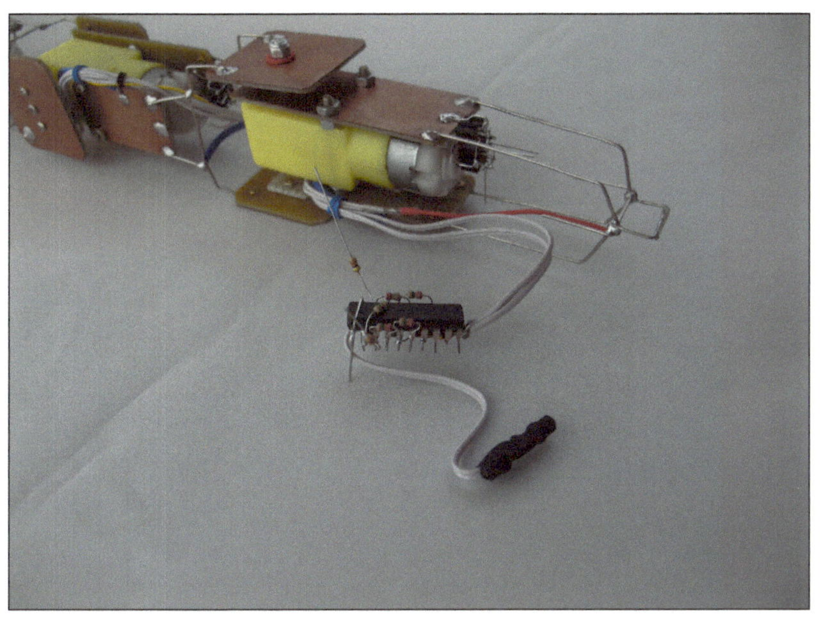

5 装配好的蛇头部分，控制模块刚好安装在由曲别针搭成的框架之内。蛇嘴的矩形框架用来安装和保护红外线二极管。

6 H桥驱动模块的安装：把3个H桥贴着电机尾部安装好。H桥的电源地可以就近搭焊在覆铜板的铜箔面。

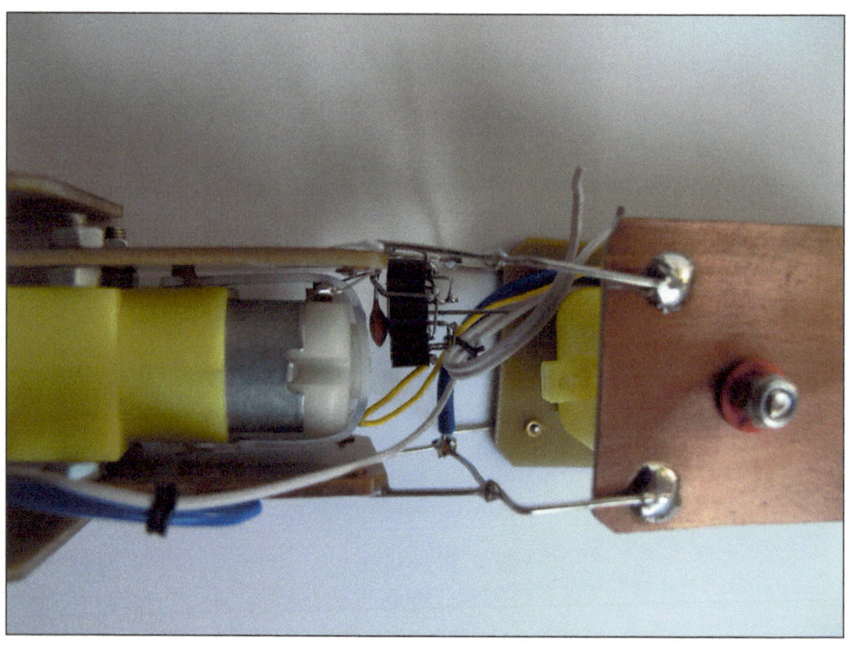

7 下图为关节组件的配线示意图。我把废电脑硬盘的IDE排线劈开，作为小信号电缆。安装和连接好各个单元电路以后，先要确保各个关节摆动灵活，电缆留够余量。最后找一根网线，抽芯，切成小段，把电缆捆在一起。

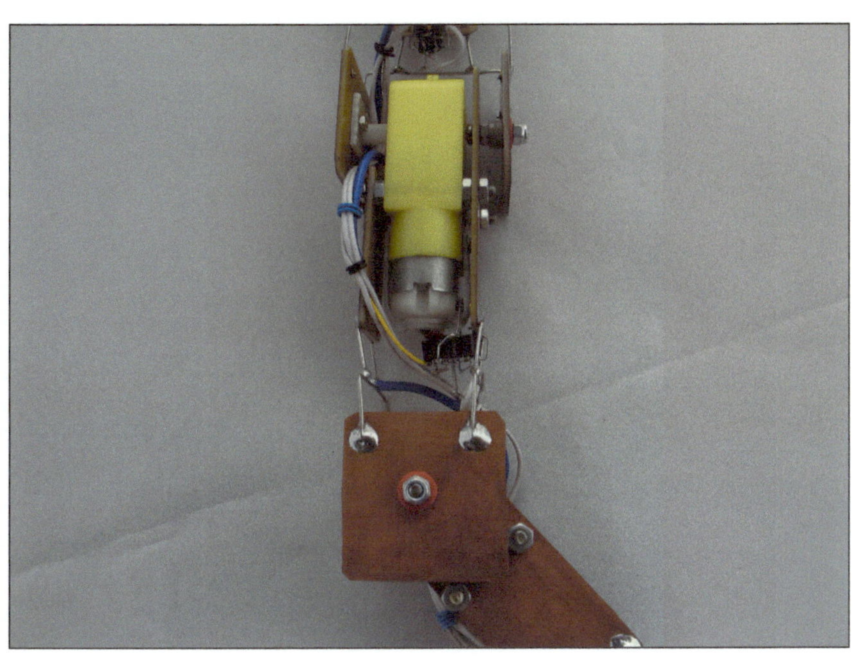

8 装配完毕的蛇形机器人如图所示。

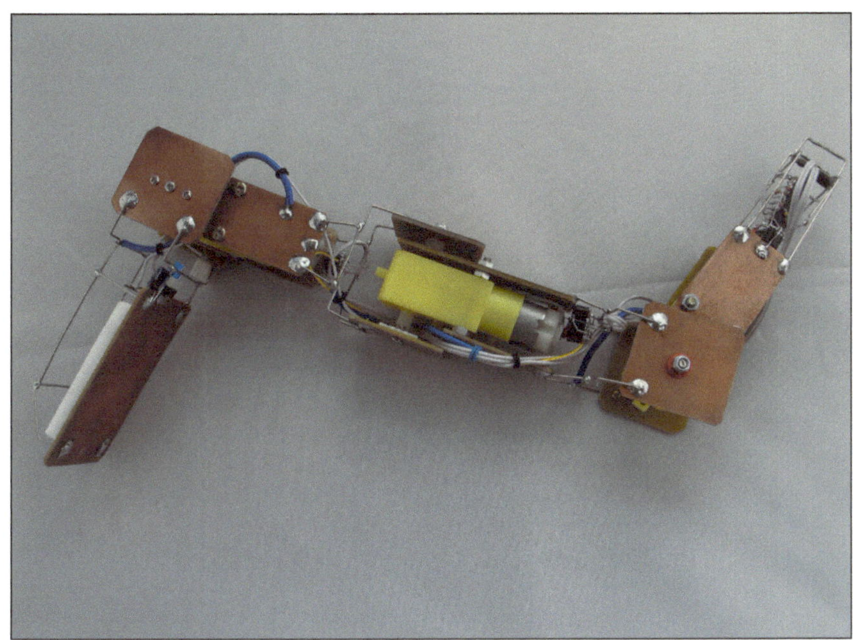

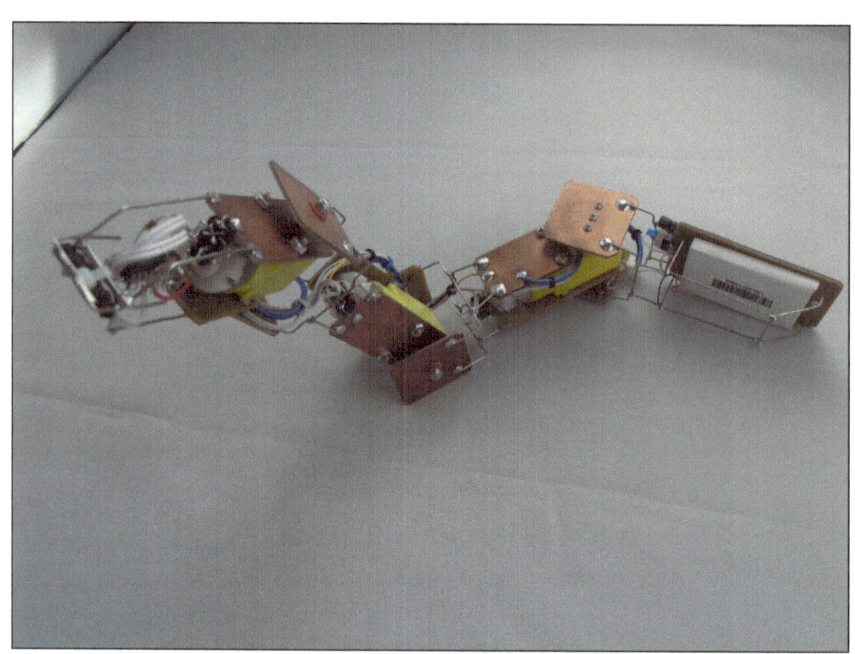

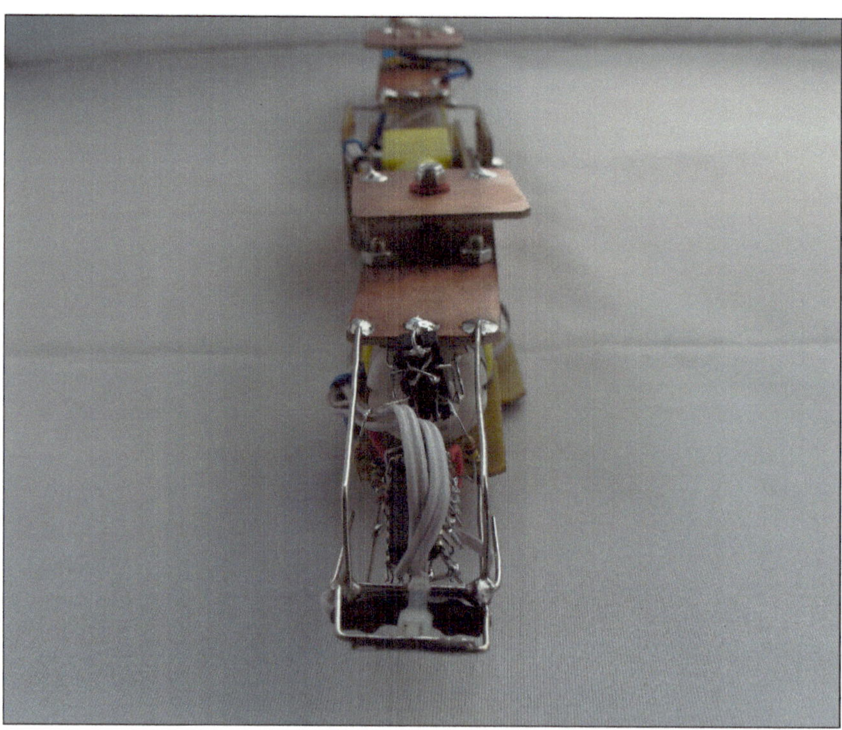

神经元电路的级联控制使得这个蛇形机器人的运行姿态非常酷，我认为如果再增加几级关节，效果还可以更好。通过试验我还发现，调节神经元电路之间级联电阻的阻值，可以改变前后级之间的控制相位，而随着级联数的增加，也会产生相位的畸变。

一个简单的升级设想：可以在第一神经元输出与第二神经元输入之间插入反向逻辑，当这个反向逻辑被触发时，第二关节的相位将发生反转，这个信息也将依次传递至后续的关节。因为第二关节被设计成在结构上是垂直运动，由此可以带动蛇做拐弯或后退运转。反向逻辑可以由阻容元件和反相器构成，用细钢丝做成接触式传感器安装在蛇嘴部位，模仿生物蛇类的“信子”。

蛇形机器人的动作视频已经上传至我的优酷空间，欢迎观赏。网址：http://u.youku.com/user_show/uid_digi01。

4.2 仿生昆虫机器人

在制作了一系列由单电机和双电机驱动的简易机器人以后，可以开始试着制作稍微复杂一些的机器人。本文介绍的是一个6足仿生式昆虫机器人。神经元与数字逻辑协同工作，产生出复杂的步态控制信号，模拟昆虫爬行时腿部的动作。3个电机和一组连杆是机器人的执行机构，连杆控制着机器人腿部的动作。昆虫机器人可以实现前进、后退和转弯。

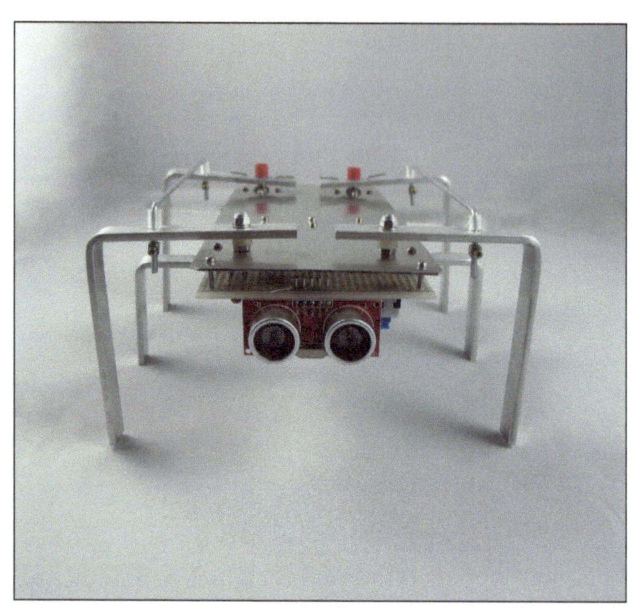

4.2.1 仿生昆虫机器人的结构

由3个电机驱动的步行机器人有两种常见的结构。

一种是著名的HEXAPOD，即昆虫机器人。在Google上搜索“HEXAPOD”可以找到很多机器人爱好者制作的风格各异的作品。我要制作的是一部简单的6足HEXAPOD，结构如图4-3所示。机器人的左前腿、左后腿及右前腿、右后腿通过连杆连接，在左后和右后侧减速电机的驱动下做水平动作。左中腿和右中腿在腰部电机的驱动下做垂直动作。这部仿生昆虫机器人在爬行的时候，有着类似生物昆虫一样的步态，总是保持3足着地，即通常所说的Tripod Gait(三脚架步态)。三脚架步态可以确保机器人在运动时重心平稳，不会摔倒。

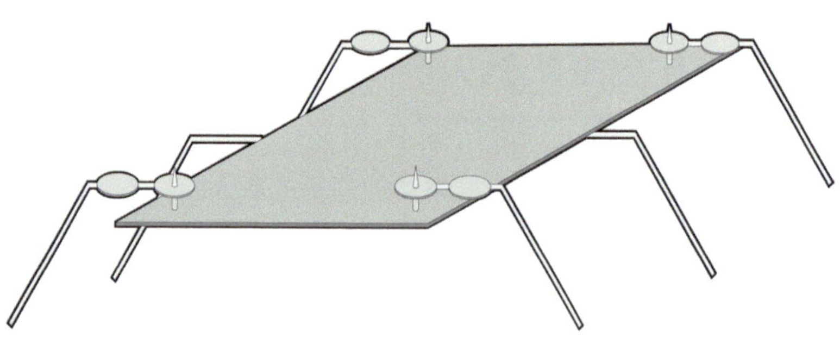

图4-3 HEXAPOD昆虫机器人的结构

仿生昆虫的步态规划非常灵活，我给仿生昆虫机器人制定了两种步态方案，如下表所示（顺、逆、停为3个电机的状态，根据机械结构的不同，电机方向的不同，状态也不尽相同）。方案1是我实际使用的步态。

方案1

左前左后	顺	停	逆	停	顺	停
中间	顺	顺	逆	逆	顺	顺
右前右后	停	逆	停	顺	停	逆

方案2

左前左后	顺	顺	逆	逆	顺	顺
中间	顺	停	逆	停	顺	停
右前右后	逆	顺	顺	逆	逆	顺

另一种是BEAM爬虫机器人，是4足的结构，其结构见图4-4。除驱动前腿、后腿的两个电机外，增加的一个电机安置在机器人的腰部，称为扭腰电机，用途是改善机器人的步态。

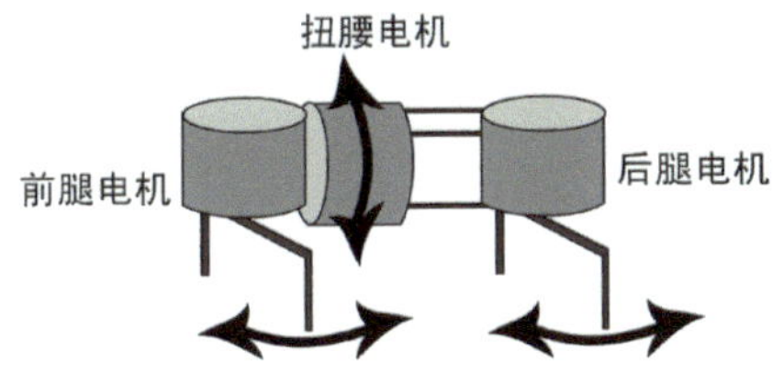

图4-4　BEAM爬虫机器人的结构

4.2.2　制作昆虫机器人的骨架

材料：

- 减速电机，3个
- 铝板，1片
- 铝棒，4根
- M2螺丝、螺母，适量
- M3螺丝、螺母，4套
- M3尼龙垫片，适量
- M3锁紧螺母，2个
- 车条，2根
- 压线端子排，4位
- 曲别针，3枚
- 圆珠笔芯，1根

1 图中所示为给机器人骨架准备的全部材料。铝棒的截面为3mm×7mm，用来制作腿部，1mm厚的5052铝合金板用来制作主体。这次使用了3个高品质的减速电机，电压为6V时，转速约为20r/min。

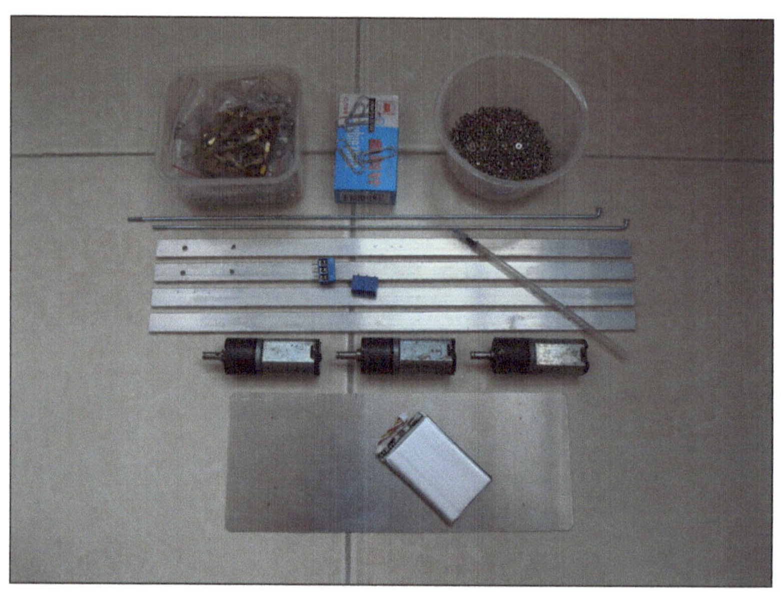

2 首先是给铝棒打孔，加工机器人的腿部。固定电机的轴销需要打M1的通孔，连杆部分打M2.2的孔，为了减少误差，这部分工作需要使用台钻来完成。

3 腿部的固定孔打好以后，就是考验技术的折弯工序了。使用台钳固定住有孔的那一侧，折弯时用力要慢，并注意铝棒拐角的部分要留出一定余量。

4 这是制作好的左后腿和右后腿，这两条腿是靠电机直接驱动的，需要把电机的输出轴固定在它们上面。注意腿部和地面（尺子所示的水平线）需要预留好一定高度，防止电机底部蹭到地面。

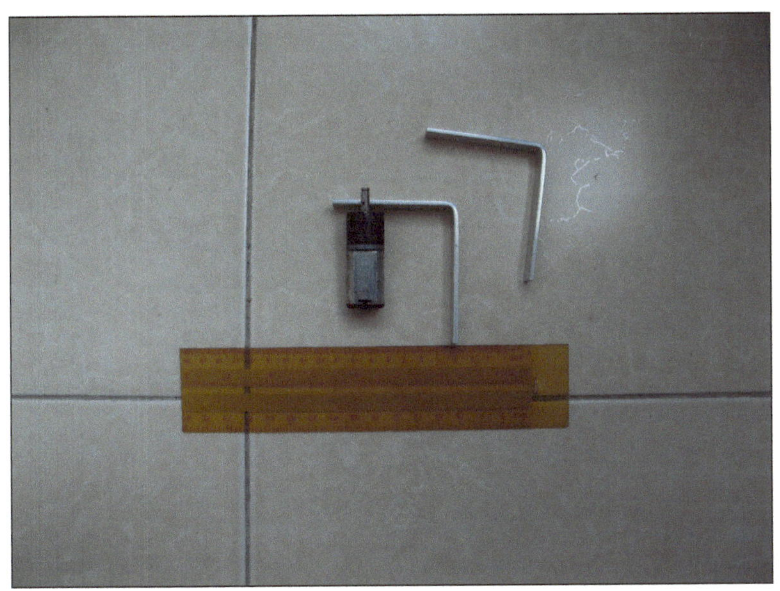

5 用 5052 铝板制作好机器人的主体。图右下侧的 L 形材料用来固定机器人的腰部电机，机器人中间的两条腿靠这只电机驱动。

6 开始进行骨架的组装。注意，此时机器人中间的两条腿还没有加工出来，这个步骤先不急，下文会详细说明。

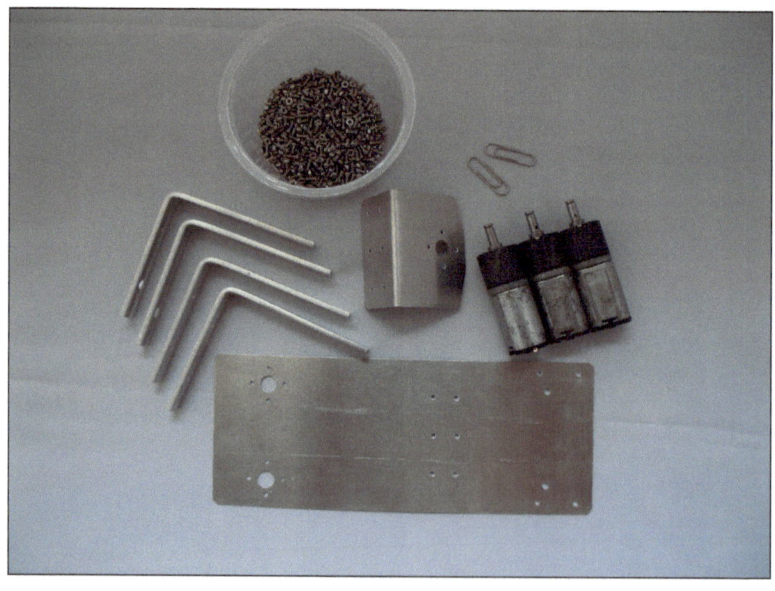

7 首先是固定左后腿和右后腿。先把左后和右后两只减速电机与机器人主体固定好。使用曲别针弯成U形框，替代作为轴销。

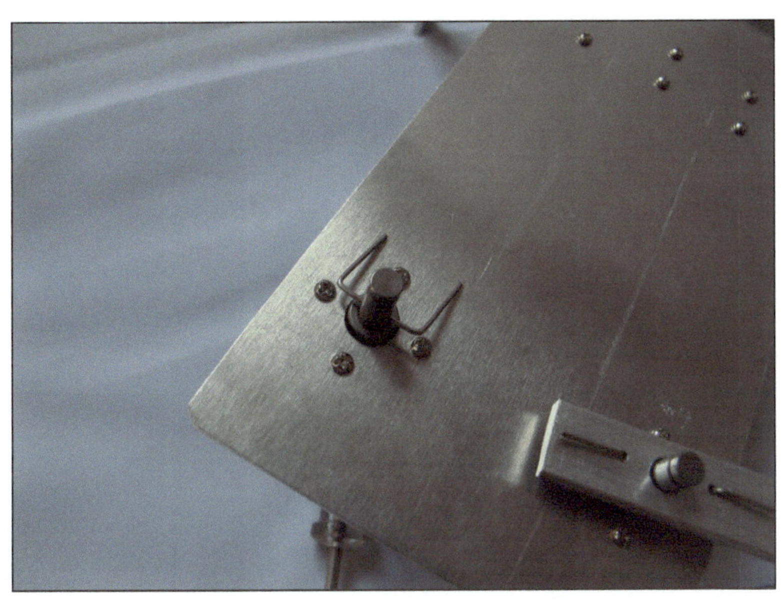

8 下图所示为左后腿固定孔特写，中间的大孔用来穿过电机输出轴，两个小孔用来穿过曲别针做的轴销。在打孔时，我考虑到材料重复利用的问题，这3个孔间距也适用于固定标准舵机的摇臂或者舵盘，方便以后升级之用。此时右后腿已经固定在右后侧电机上。

9 左前腿、右前腿为从动腿，它们将靠左后腿和右后腿的与之相连的连杆推拉进行运动。使用M3螺丝、垫片和锁紧螺母固定好这两只腿的轴孔，确保它们与机器人主体之间活动自如。

10 测量好左前腿与左后腿、右前腿与右后腿之间的距离，用车条弯制一对倒U形的连杆。把圆珠笔芯切成4小段，另外从压线端子排里面拆出4套铜芯待用。

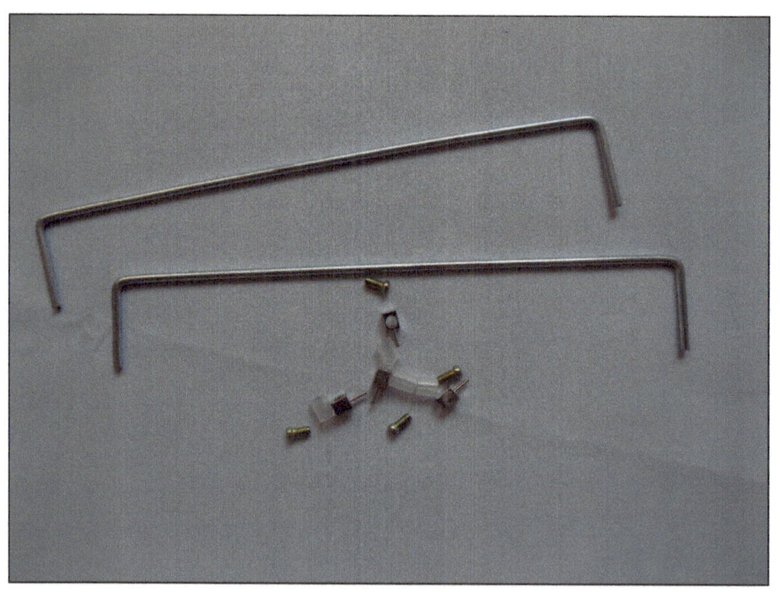

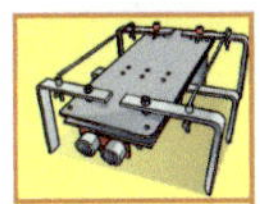

11 用车条连接好机器人的两侧的左前-左后，右前-右后4条腿。把圆珠笔芯切成的小段垫在车条与腿部的连接孔之间，以减小摩擦。

12 使用从端子排里面拆出的铜芯，以压接的方式，固定在车条的末端，防止连杆在运动的时候脱出。

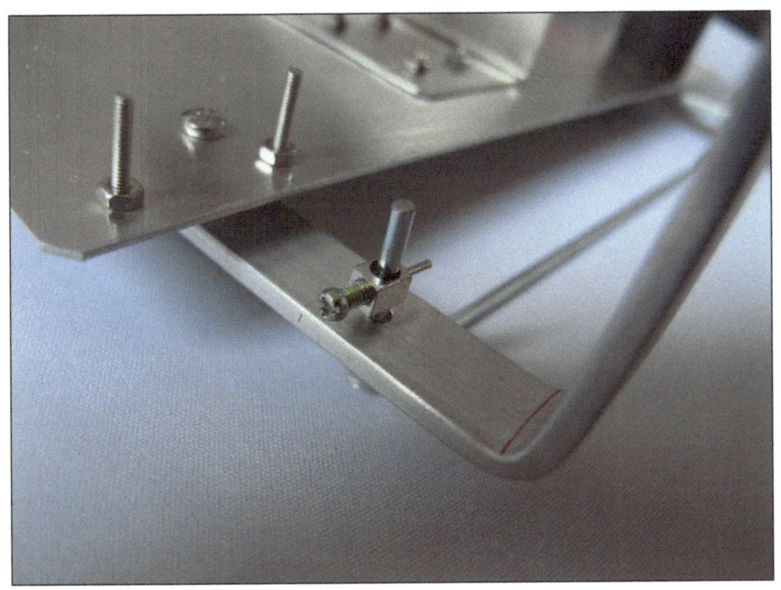

13 下图为机器人两侧连杆装配完毕的顶视图。喘一口气，看着这只已经完成了一多半的小怪兽，感觉还不错。

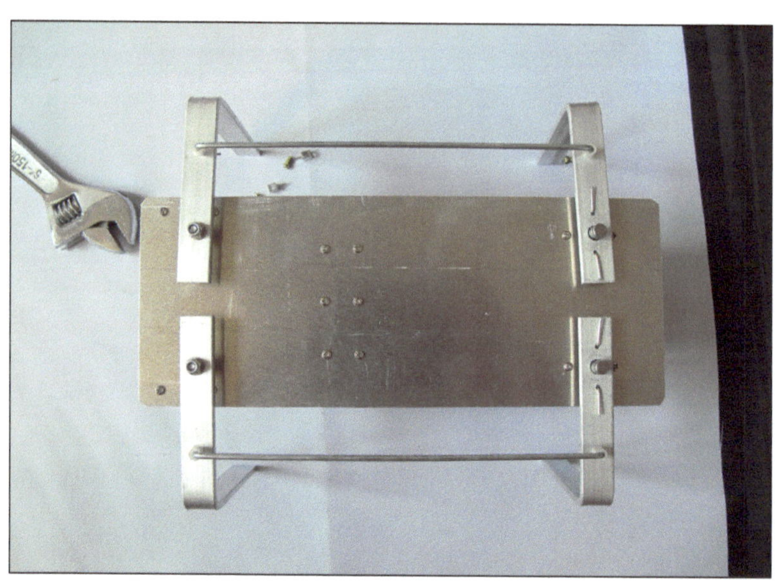

14 加工机器人中间的两条腿，即左中腿和右中腿。这两条腿是一体的，由腰部电机驱动，使用一根铝条制作而成。腿部与电机输出轴的固定方式与另外两个电机相同，通过腿上安装的L形铝架，与腰部电机的输出轴固定好。

至此，机器人的骨架就制作好了。读者可以发现，这部分的金工工作比我以前制作的机器人繁琐了不少，且对材料的强度、钻孔的精度、材料之间的配合都比以

前严格了，还需要自制一些高精度的小结构件。其实，至此DIY机器人的乐趣才真正体现出来。很多时候会被一个小细节卡住，可能需要冥思苦想好几天，反复参考高手处理的手法，搜集相同的作品，一遍又一遍地在纸上画草稿，动手试验，推翻以前的想法；也会因为缺少一个小垫片这类的东西而苦恼，当偶然的发现一件替代品时又会高兴上好几天。

图4-5所示为3个电机排列在一条直线上的BEAM爬虫机器人的方案。

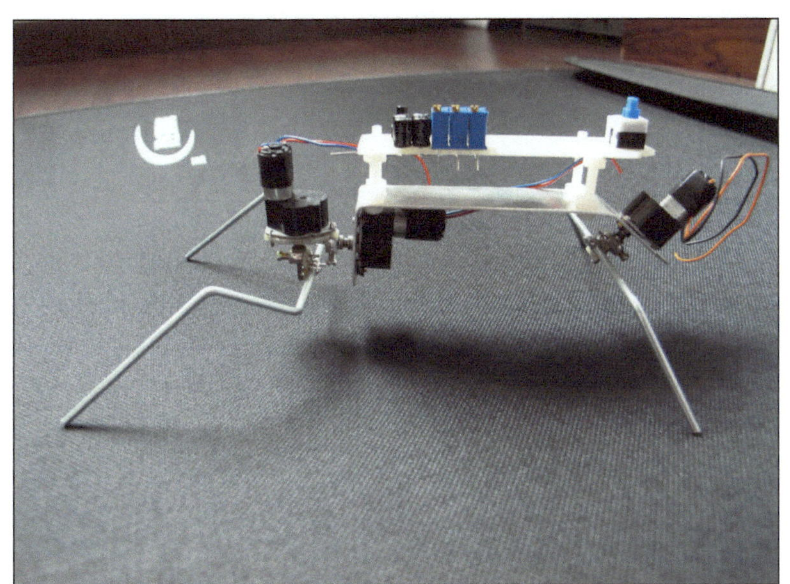

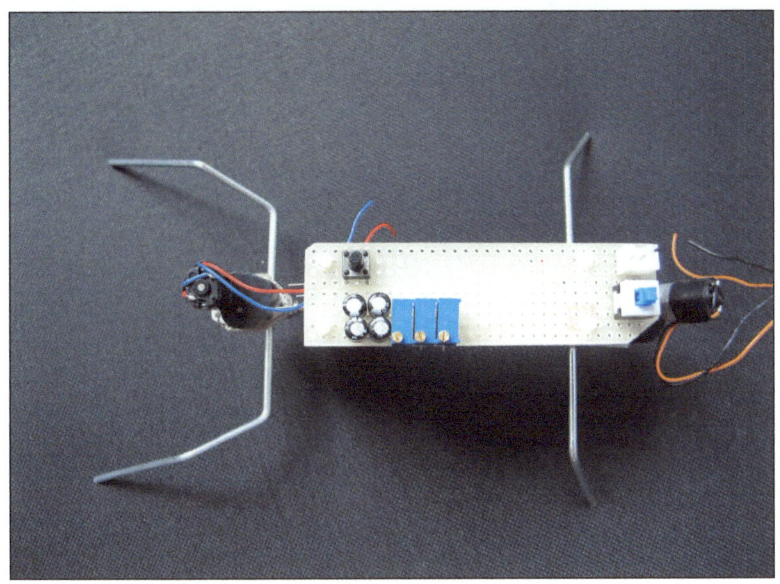

图4-5　BEAM爬虫机器人

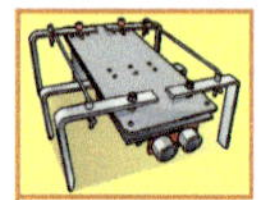

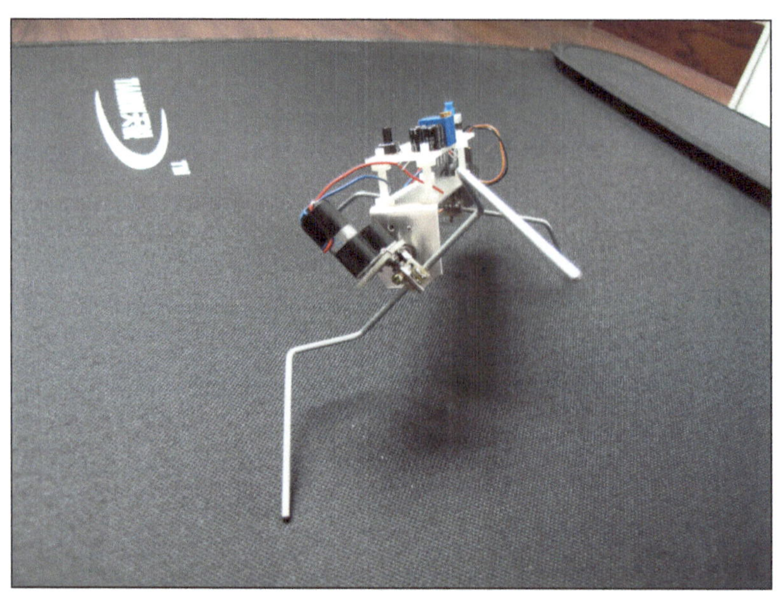

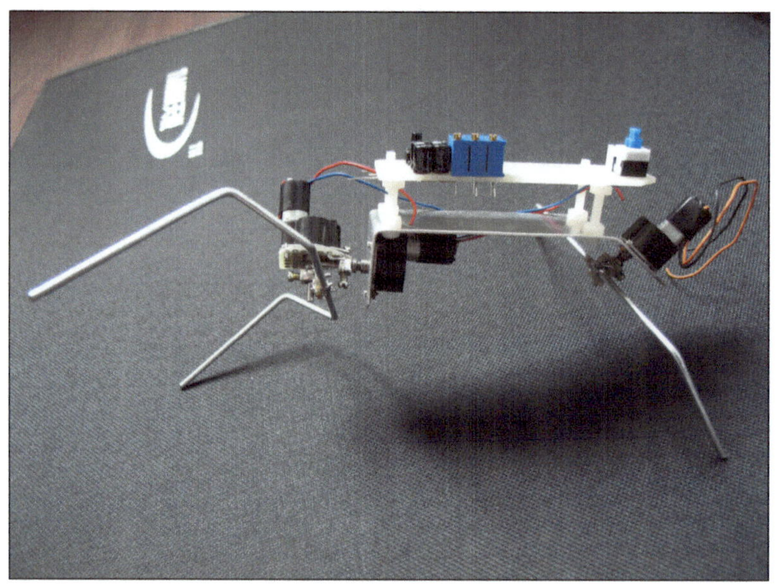

图 4-5　BEAM 爬虫机器人（续）

4.2.3　制作昆虫的电子部分

下面的工作是给这只金属小怪兽打造一个还不算太坏的大脑。使它可以像真正的昆虫那样进行爬行、转弯和后退等运动。

首先要给3个减速电机制作驱动电路。常见的微型机器人电机驱动电路，无论是数字机器人还是模拟机器人，不外乎三大类解决方案。这里也给它们归纳一下，说说我的应用体会。

（1）**专用电机驱动芯片**。顾名思义，这类芯片是专门设计用于驱动电机的，接口特性好，驱动能力强。但是它们也有局限，比如常见的L293，需要最低4.5V的电压，这就意味着机器人无法使用单块3.7V锂电池供电。再比如L298，手册要求电机驱动电压要比逻辑控制电压高出2.5V，且芯片在低压工作时效率很低。这些因素导致了在具体的设计中，不得不迁就于芯片的技术手册，这是我不希望面对的问题。

（2）**74HC24*系列总线驱动芯片**。这类芯片是BEAM机器人的最爱，以74HC240和74HC245为代表。它们的优点是适用于低电压（CMOS芯片的电压一般为2～6V)，通道数量多，可通过芯片叠加扩流，同时提供给多个电机等，并且这类芯片都带有使能端，应用非常灵活。缺点是单通道电流太小，无法驱动高电压大功率的电机；多片叠加虽然可以获得比较好电流输出，但是成本也升高了。

（3）**由分立元器件构成的H桥**。这类桥由晶体管构成，作用和电机驱动芯片一样，可以控制电机的正反转、PWM调速等，需要外加逻辑电路来实现使能等功能。优点是设计非常灵活，可以根据所需电流、电压选管子，H桥的运行效率高，一般可达90%。缺点是元器件比较多，增加制作难度。

从我业余制作多部微型机器人的体会，综合考虑各方面因素，我把它们从好到坏排了一个名次：3>2>1。仅代表个人观点，供参考。

这次制作这只仿生昆虫，我没有使用过去常用的74HC245，而是选择了由分立元器件构成的H桥。这里面有两个原因：一是我库存的74HC245不够了，简单估算，这只昆虫的3个电机将需要最少3片74HC245；另一个原因是我很有兴趣尝试一下分立桥的效果，3个电机将要由18个晶体管构成3个H桥来驱动，这么多管子焊在板子上一定会很壮观。

我选用了BEAM机器人经常采用的一个H桥电路，这是由BEAM机器人的发明者Mark Tilden在1997年设计的，电路如图4-6所示。

H桥元器件：

- >> NPN通用三极管，12个
- >> PNP通用三极管，6个
- >> 0.1μF磁片电容，3个
- >> 100kΩ电阻，6个
- >> 洞洞板，1片

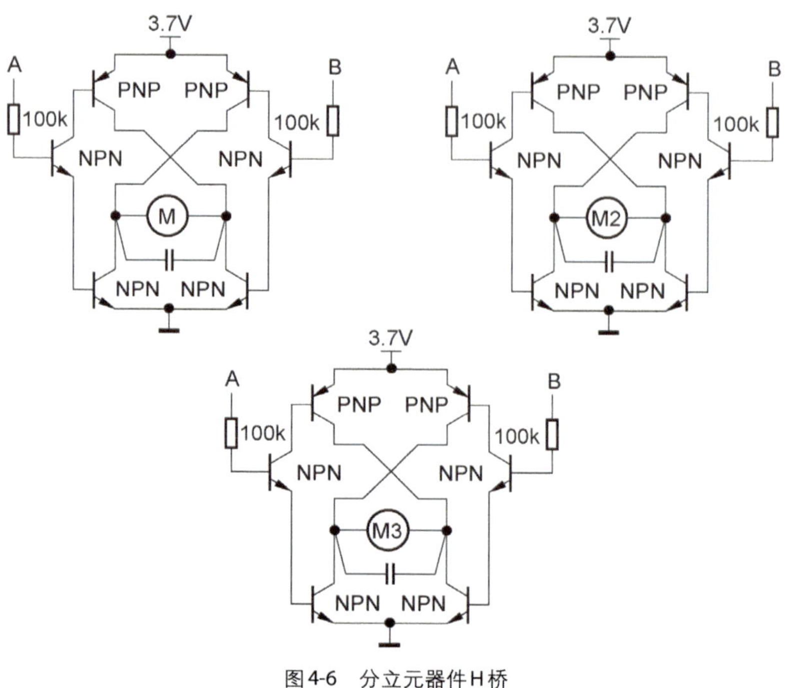

图4-6　分立元器件H桥

1 图中所示为3个分立H桥所需的全部元器件。我没有100kΩ的电阻，使用47kΩ的串联构成。

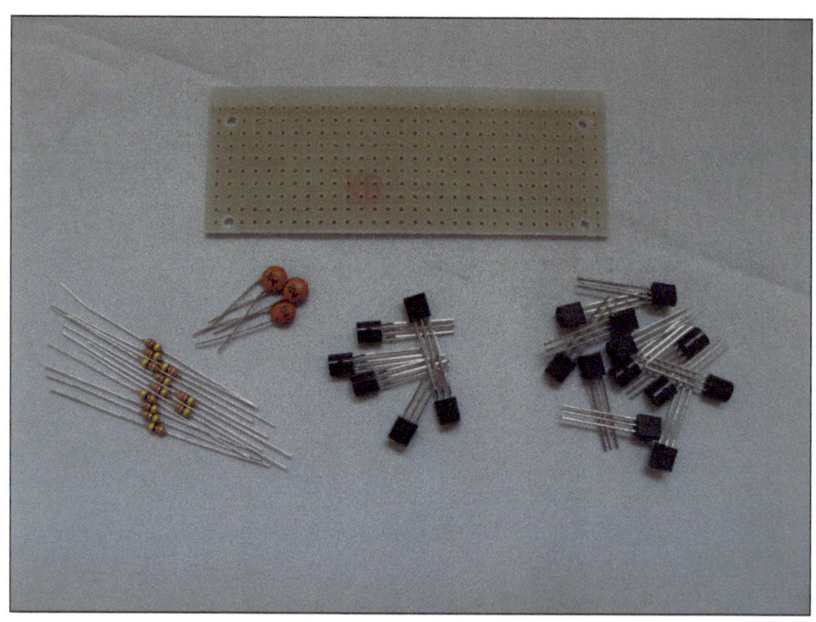

2 这是焊接完毕的电机驱动板，板子上包括了3路H桥。3个0.1μF的磁片电容将直接焊接在电机上。

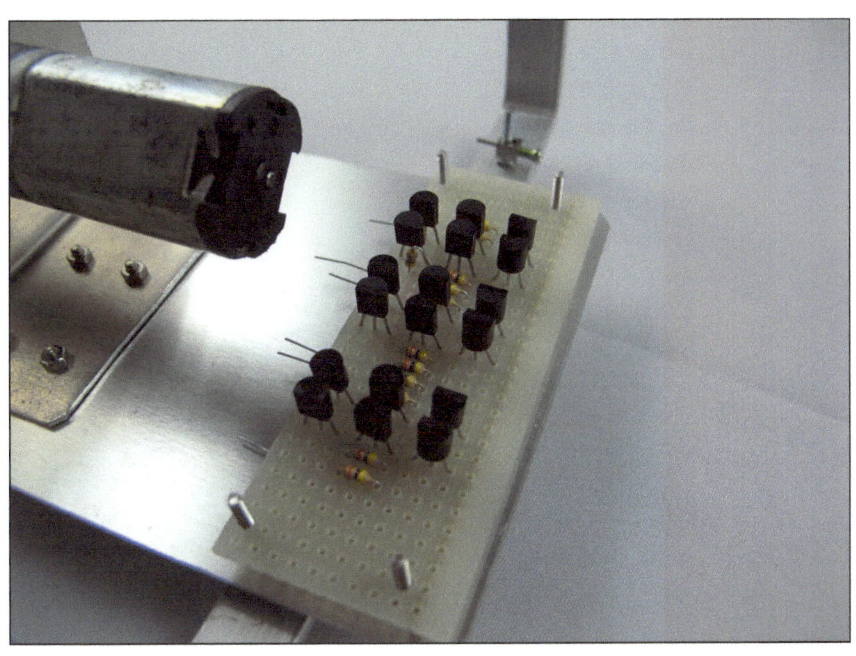

下面开始制作机器人的控制电路并进行最后的总装。仿生昆虫的控制电路如图4-7所示，这是一个超经典的HEXAPOD机器人控制电路，在BEAM机器人的Yahoo Group讨论组里经过多次讨论改进，现在的这个电路是Bruce Robinson在2001年最后修订的版本。

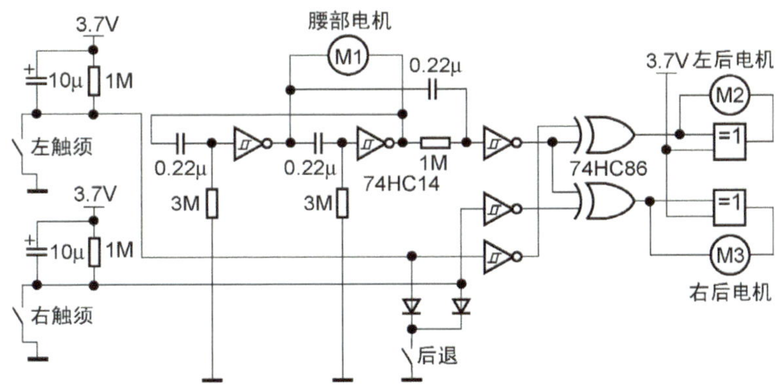

注：图中3个电机均需要搭配电机驱动电路

图4-7 超经典的HEXAPOD机器人控制电路

控制电路和电源的元器件：

- 74HC14，1个
- 74HC86，1个
- 0.22μF独石电容，3个
- 3MΩ 电阻，2个
- 1MΩ 电阻，3个
- 10μF电解电容，2个
- 1N4148，2个
- 2200μF电解电容，1个
- 3.7V/1600mAh锂电池，1个
- 2针插座（充电口），1个
- 小开关，1个
- 导线，适量

1 这是控制电路的所有元器件，从阻容元件的数值上看，和前几篇机器人的类似，芯片也没什么变化。这些常用规格的电阻、电容、芯片，在以后的制作中会经常用到，建议喜欢BEAM机器人制作的爱好者多买一些备用。74HC系列芯片可以很好地工作在3.7V电压下，容量适中的锂电池也可以买一些回来备用。

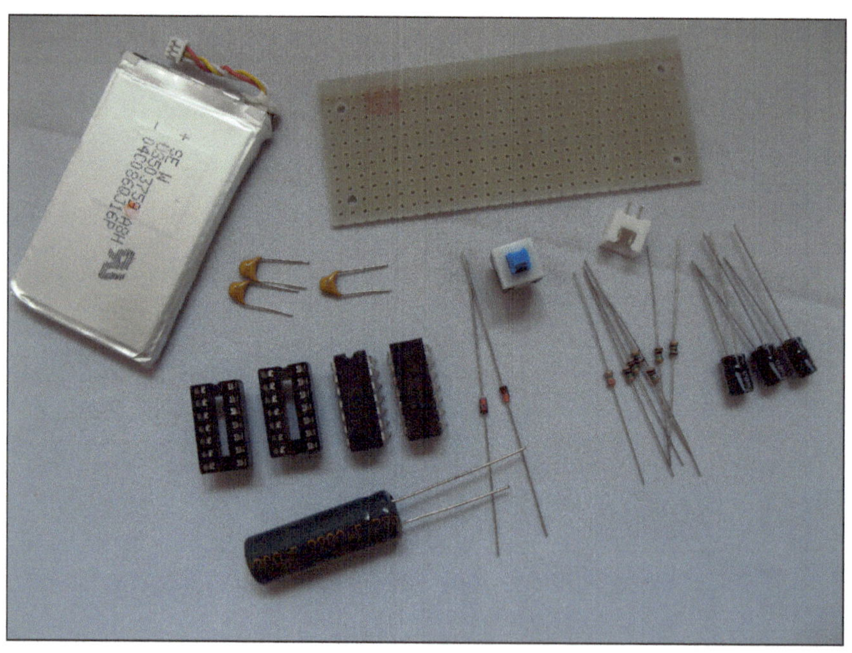

2 因为电路比较简单，焊接过程就不细说了。图中为焊接好的控制板，固定在电机驱动板之上。

机器人的左转、右转和后退三路触须传感器均为零电平有效。改变左、右传感器与电源正极间的阻容数值，可以改变机器人的转弯时间。传感器的制作可以借鉴前面介绍的机器龟中的做法，使用铜丝或者钢丝外套接地铜管做成接触式触须传感器。

我在实际制作中，省略了左、右触须传感器，仅使用了一个超声波传感器实现机器人的非接触式后退控制（市售的超声波传感器一般都有开关量输出端，可以直接搭配这个电路）。传感器模块上的银色超声波发射接收头好像机器人的两只眼睛，从美学的角度来看，与这只金属小怪兽也很般配。读者可以灵活使用其他类型的传感器，比如红外线传感器，还可以用市售的开关式无线电发射接收模块把它改造成遥控机器人。

4.2.4 总装调试

这个昆虫机器人组装完毕以后，几乎不需要进行什么调试就可以运行。关键是要保证骨架的精度，否则每个地方都差那么一点，少量的误差积累起来就是不容忽视的问题，结果将会对机器人的运转造成很大的影响。有可能根据电机参数和供电电压适当调整一下阻容的时间常数，使腿部动作的幅度适中，左、右连杆运动对称。

装配调试完毕的最终效果如图4-8所示。

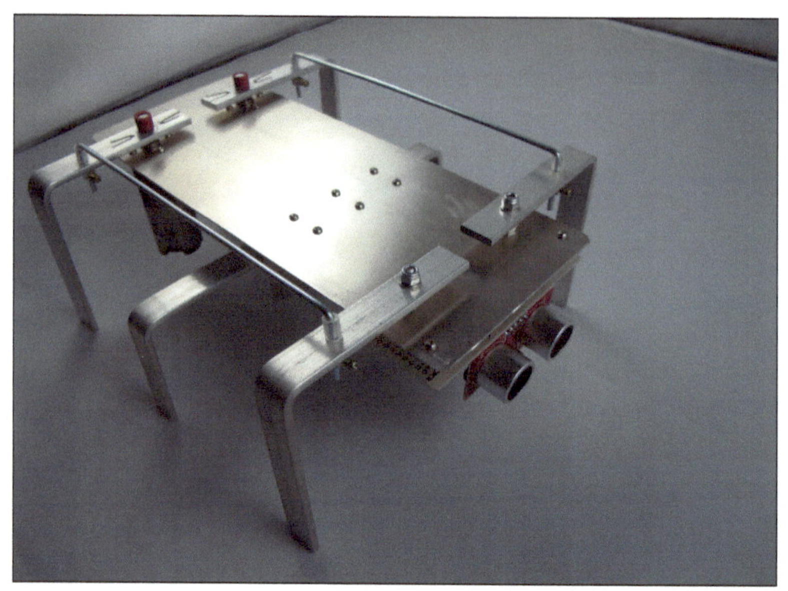

右视图

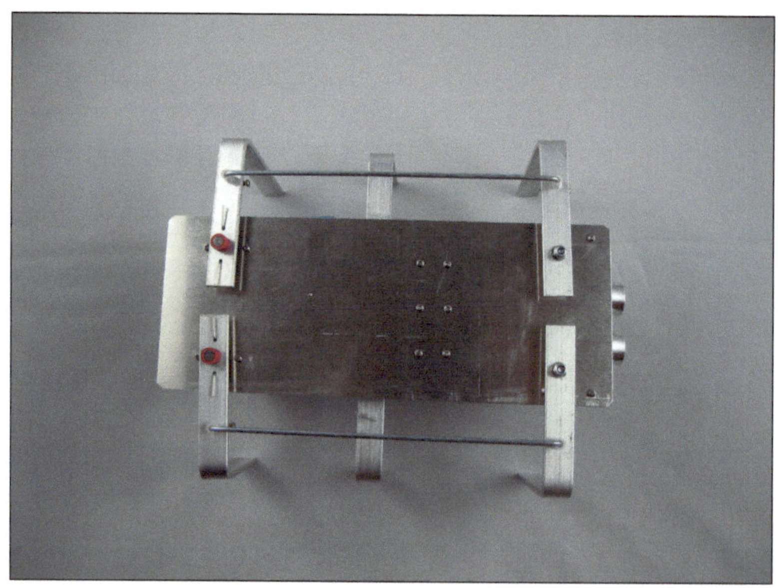

顶视图

图4-8　6足昆虫机器人装配调试完毕的最终效果

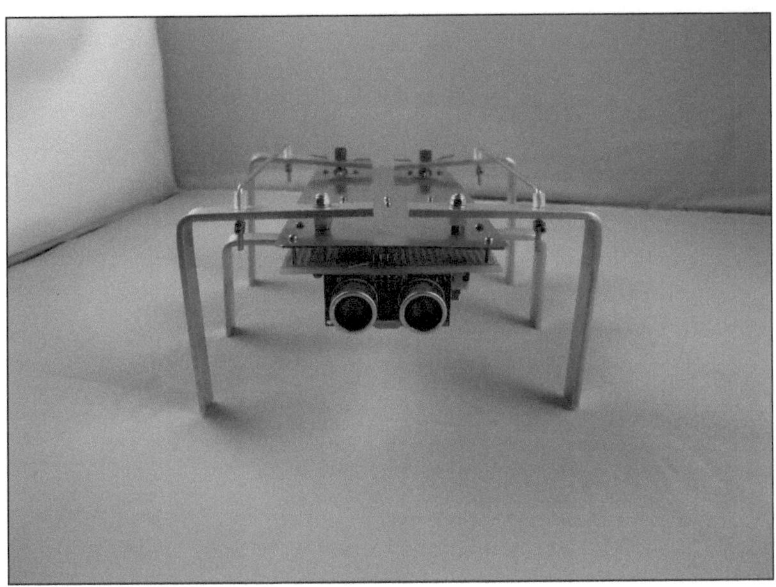

前视图

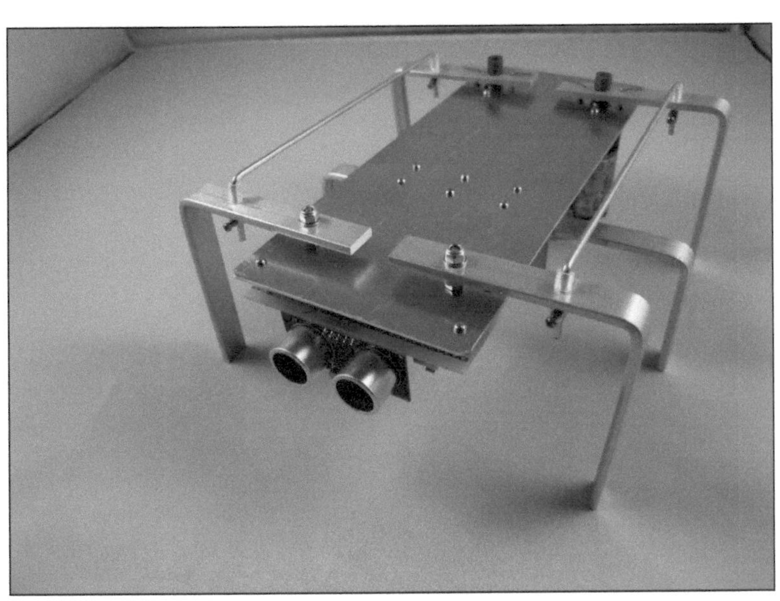

左视图

图 4-8　6 足昆虫机器人装配调试完毕的最终效果（续）

第5章

用单片机制作的机器人

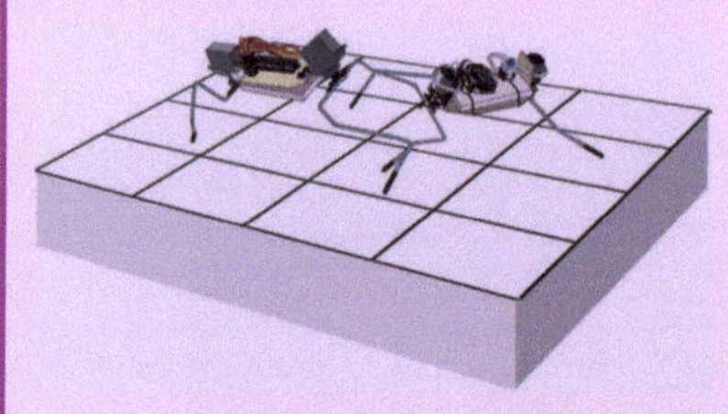

单片机可以使机器人按照设计者预先编制的程序运行，实现复杂的控制功能，适合用来制作较高级的数字控制机器人。为了增加制作的趣味性，本章采取对比的方式，通过两个简单的4足爬虫机器人的制作向读者展示采用单片机技术制作的机器人的特点。这对爬虫机器人的控制方式截然不同，一个由神经元电路控制（模拟控制），另一个由单片机控制（数字控制）。读者可以在这两个制作实例中，体会到模拟控制与数字控制的精髓。

本章新增了用LittleBits验证快速原型机和用开源硬件平台Arduino（核心仍然是单片机）打造超级BEAM爬虫机器人的内容。书中提出的思路更多的是一个参考，希望广大机器人制作爱好者动起手来，打造出属于自己的机器人。相信你可以比我做得更好！

5.1 数字PK模拟

在数字计算机大行其道的今天，几乎所有的机电一体设备均采用数字（程序）控制的方式。小到玩具模型，大到生活生产设备，单片机和计算机都被广泛地应用着。与早期的模拟控制方式相比，数字控制方式有很多得天独厚的优点，例如控制精确度高、升级方便、一致性好、性能稳定、维护方便等。但是不可否认，模拟控制也有许多无法取代的优点。

本章收录了两个有趣的小型4足爬虫机器人制作实例。一个代表着回归自然和传统的模拟机器人，另一个代表着当今主流控制理念的数字机器人。完成两个爬虫机器人的制作，并把它们放在一起进行一番PK。在制作中可以深入了解模拟控制与数字控制在设计与建造上的差异，通过观察两个机器人的运行效果，可以体会出这两种控制方式的优劣。

既然是PK，首要的前提应该是双方胜算均等，这样才会有更多的悬念。为此我制定了如下的目标。

（1）制作两个4足爬虫机器人，使用数字控制和模拟控制两种截然不同的控制方式，实现它们的爬行前进。

（2）简化问题，不去考虑爬虫机器人的倒退、拐弯、避障等额外功能。

（3）每个爬虫机器人的制作成本控制在60元以下。实际上每个爬虫机器人控制核心的电子部分，造价均低于15元。

（4）爬虫机器人的机械部分使用完全相同的材料来制作，成品形制尽量相同。

（5）使用相同规格的3.7V/1200mAh锂电池作为电源。

（6）成品重量均控制在60g以下。

（7）在实现上述目标的前提下，把两个机器人做得艺术一点。

从构思这个题目，到收集材料，再到着手实现这两个爬虫机器人，我对它们最终的PK结果也充满了好奇。作为一名DIY爱好者，可以完全按照自己的喜好来设计规则，这也是手工制作引人入胜的地方吧！

5.2 基于不同控制理念的两个爬虫机器人

题图照片展示了我制作的两个仿生爬虫机器人，左侧的爬虫机器人采用AVR ATmega8单片机控制两个舵机运转的模式，右侧的爬虫机器人采用BEAM神经元网络控制两个减速电机运转的模式。

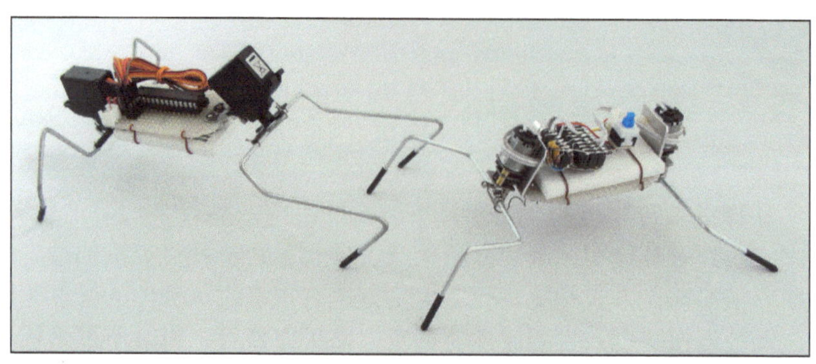

5.2.1 结构与控制方法

这两个机器人的骨架构造均采用Andrew Miller设计的BEAM爬虫，它是一个使用一前一后两个电机驱动的4足爬虫，如图5-1所示。图5-1中没有展示机器人的前、后腿，更多的细节详见下文制作过程及爬虫机器人实物照片。

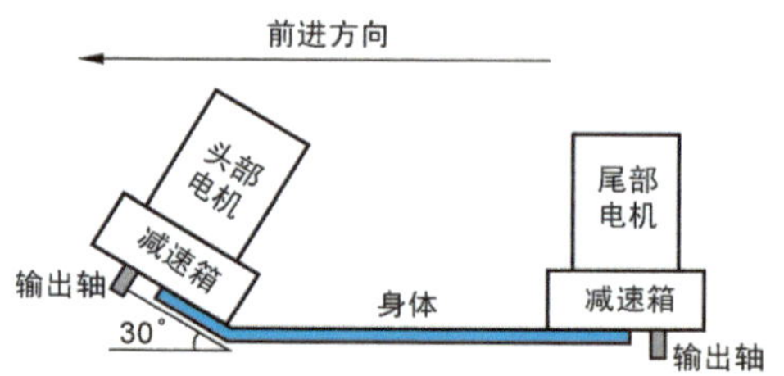

图5-1 爬虫机器人侧视图

爬虫机器人是步行机器人的一种，有着传统轮式机器人无法比拟的优点，比如能攀登斜坡、跨越障碍、自由移动等。但是步行机器人的制作难度也一下子提高了许多，这使得许多机器人爱好者感觉无从下手。从图5-1的结构图中可以看出，Miller的这个经典设计有效地降低了步行机器人的制作门槛，它的机械部件较少，对工艺的要求也不太高，比较容易制作成功。即便如此，步行机器人的制作仍然是一项实践性非常强的工作，很难做到一次满意，需要在实践中反复积累经验。我可是制作了五六个这样的爬虫机器人以后才摸着点门道，之前做的那些不是重心不稳，走几步就摔倒；就是腿部形状有缺陷，走不成直线。

步行机器人属于仿生机器人的一类，它们之所以难以实现理想的运行效果，主要原因是受到动平衡和静平衡的制约。动物在行走时，总是不停地调整自身的平衡点以保证不跌倒，这称之为动平衡；对机器人来说，它的控制器必须不断地将机器人的平衡状态反馈回来，然后机器人不断地改变加速度或者重心来满足平衡的要求。静平衡则需要机器人的物理形制与步态之间相互协调，保证机器人在行走时不

会发生偏离平衡点的现象；在机器人静止时，为了保证静平衡，还需要考虑机器人脚部的规划。

观察一下身边小猫、小狗这些4足小动物的运动方式，注意看它们的四肢是如何连贯起来运动的，对理解Miller爬虫机器人会有很大帮助。爬虫机器人的头部电机与地面呈30° 夹角，通过这个电机带动两只前腿向前抬起、伸展、着地。尾部电机的输出轴与地面垂直，使两条后腿推动机器人前进。这种步行运动的方式的关键在于如何调整4条腿之间的运动，这就需要在机器人的电控部分好好动动脑筋了。

下表提供了两种双电机4足爬虫机器人的控制思路。

方案1

尾部电机	正转	停	反转	停	正转	停	反转
头部电机	停	正转	停	反转	停	正转	停

方案2

尾部电机	正转	正转	反转	反转	正转	正转	反转
头部电机	停	正转	正转	反转	反转	正转	正转

方案1的控制思路相对简单。当机器人冷启动以后，随时序的进行，在同一时刻只有一个电机在运转，驱动爬虫向前行进。比如，左前腿处于抬起的状态（头部电机正转），随之而来的事件是右后腿抬起（尾部电机反转）。这是一个比较谨慎的控制方法，它的优点是两个电机之间的逻辑关系非常清晰，相互之间影响小，无论从模拟控制的角度还是数字控制的角度都比较容易实现。它的另一个优点是机器人的功能扩充非常灵活，只需要通过传感器来改变其中一个电机的时序，就可以使爬虫机器人做后退和转弯等复杂的动作。

5.2.2 数字爬虫机器人骨架的制作过程

材料：

- 9g舵机，2个
- 洞洞板，1片
- 车条，2根
- 螺丝、螺母，适量
- 热缩管，适量
- 铁皮，1片

1 准备好制作数字爬虫机器人骨架所需的全部材料。

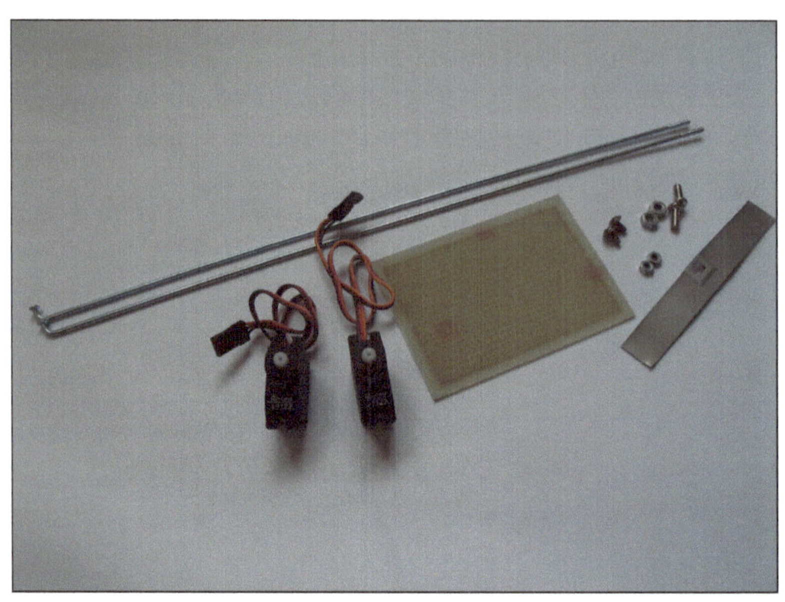

2 爬虫机器人头部的舵机需要抬起30° 角，我使用废光驱外壳的铁皮做了一个简单的结构件。把洞洞板裁剪成适当尺寸，作为爬虫机器人的身体。

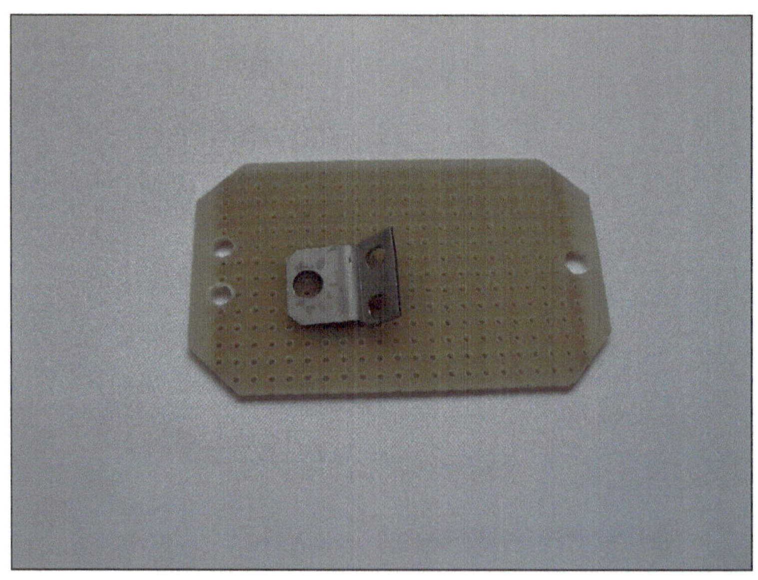

3 将加工好的结构件固定在爬虫机器人的头部舵机上，这个结构件也起到了连接和固定头部舵机与爬虫机器人身体的作用。

4 身体装上舵机的侧视图，左侧为机器人头部。尾部舵机的输出轴与地面垂直，可以在身体后部打一个安装孔，用螺丝把舵机直接固定在上面。

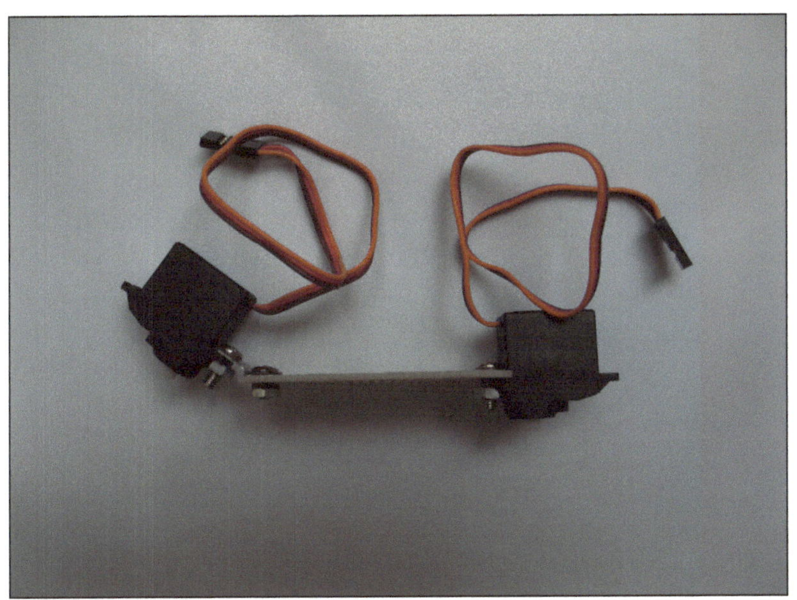

5 用车条弯制机器人腿部，足部套上热缩管，以增加摩擦力，防止爬虫机器人在光滑的地面上行走时打滑甚至摔倒。图中左侧的为左、右前腿组合，由头部舵机驱动；右侧的为左、右后腿组合，由尾部舵机驱动。

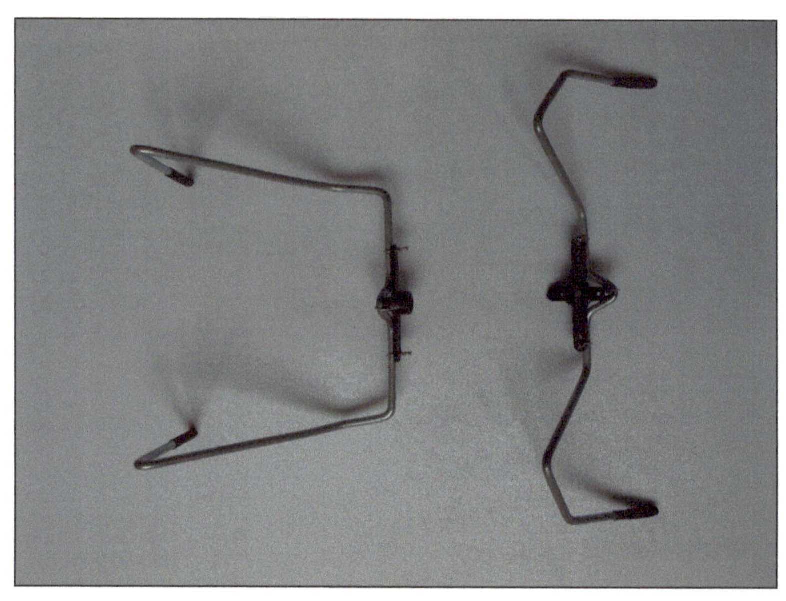

6 车条与舵臂的连接示意图，使用金属丝把车条固定在舵臂的小孔上，拆卸和替换非常方便。

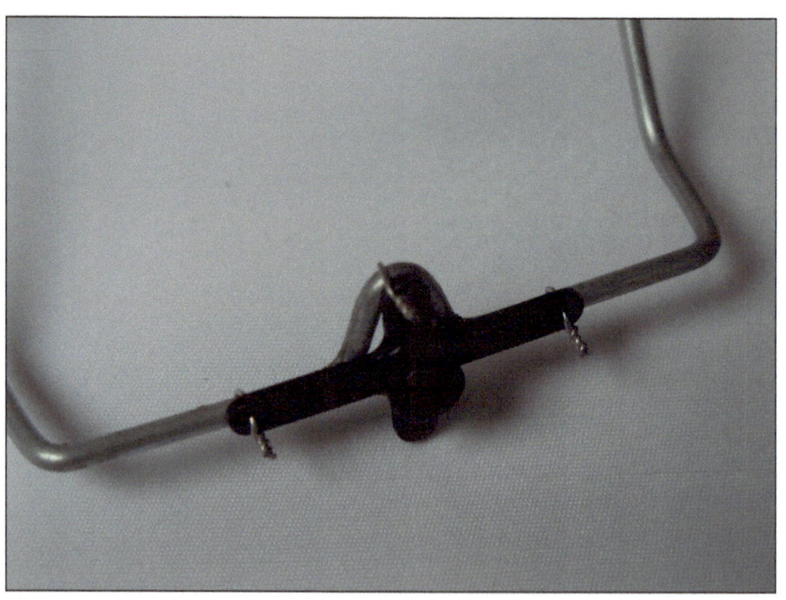

7 把做好的腿部与舵机连接上看看，腿部与舵机应该配合灵活，输出轴在运转范围内没有阻碍。

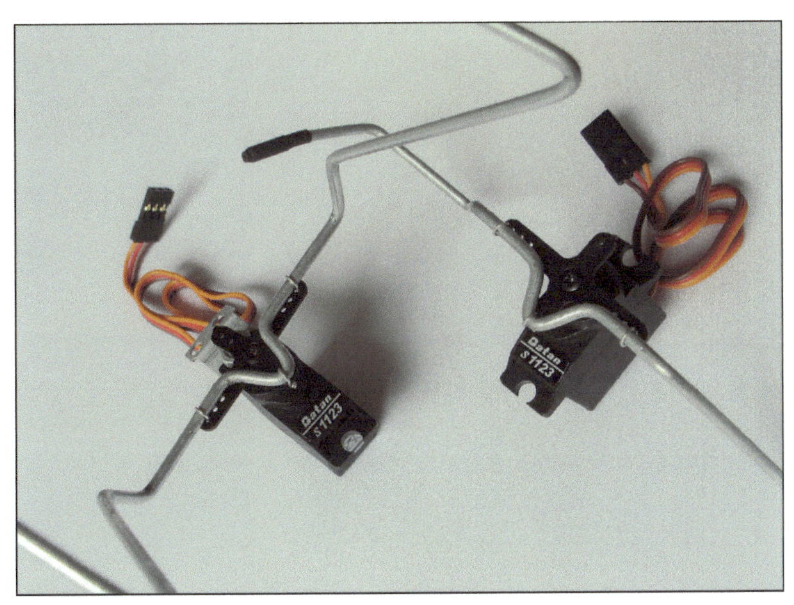

这个数字爬虫机器人重量很轻，对舵机没有特别要求，可以选用任意品牌的9g微型舵机，比如威盛（TOWERPRO）的SG90。市场上可以买到两种SG90舵机，一种零售价在13元左右，透明蓝色外壳，引线颜色是黑、白、红，输出扭矩较小；另一种零售价在22元左右，引线颜色是棕、红、橘，扭矩较大，它们都适用于这只爬虫。我使用的是一对质量稍好一些的北田（BATAN)S1123微型舵机。

舵机的优点是安装和替换非常方便，这方面生产厂家已经做足了功课，每款舵机均设计有通用的安装孔，配套的舵臂、舵盘也几乎都是标准件，减速箱也一并集成在舵机里面了。借助安装孔可以很方便地把头尾两个舵机安装在爬虫的身体上。使用洞洞板作为爬虫的身体，电子部分也是直接在洞洞板上进行焊接。舵机的另一大优点是内置了电机驱动电路，用单片机的I/O口可以直接控制舵机，不再需要额外的驱动电路，这就在很大程度上简化了机器人的整体结构。

爬虫机器人的腿部使用车条弯制而成，前、后腿的形制没有严格的要求。根据大多数DIY爱好者的制作经验,4足着地的位置与爬虫身体中轴对称是第一要素，腿部形状是第二要素，此外还要兼顾美观。

5.2.3 模拟爬虫机器人骨架的制作过程

材料：

>> 减速电机,2个
>> 洞洞板,1片
>> 铝板,1片
>> 双面胶带，适量
>> 尼龙扎带,2根
>> 车条,2根
>> 热缩管，适量
>> 压线端子铜芯,2套
>> 螺丝、螺母，适量

1 准备好制作模拟爬虫机器人骨架所需的全部材料。

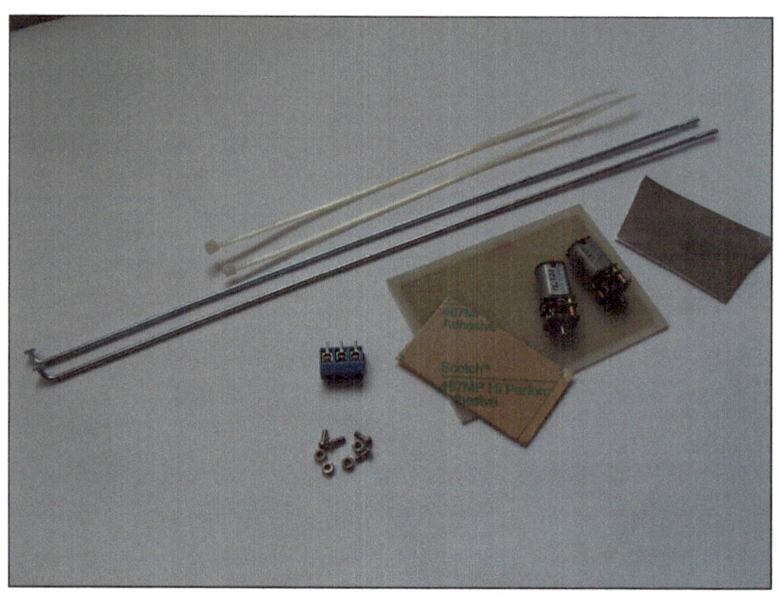

2 为了固定减速电机，需要用铝板加工两个支架，一个90° 的，用来安装尾部电机；另一个60° 的，用来安装头部电机。

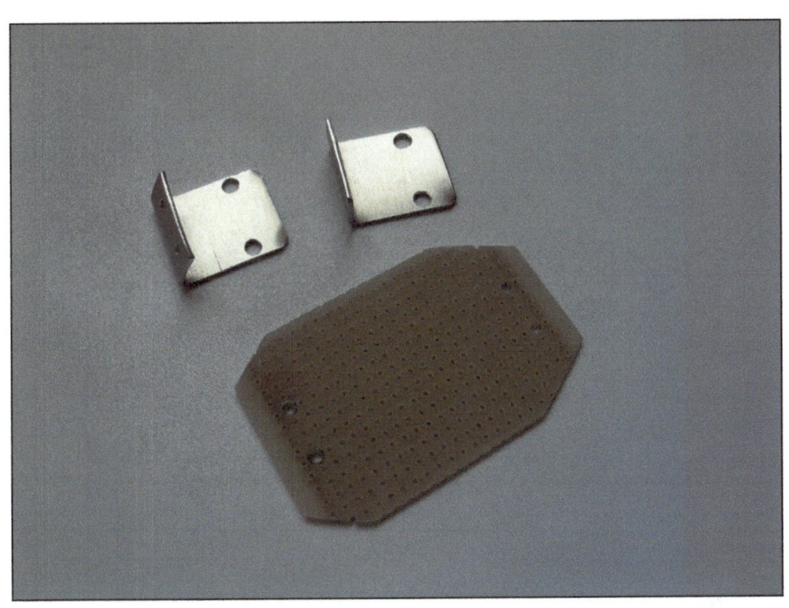

3 同样使用洞洞板作为爬虫机器人的身体，左侧为机器人头部。借助尼龙扎带和螺丝固定好两个电机。模拟爬虫机器人的驱动部分使用两个N20型减速电机，5V电压下转速30r/min，接近9g舵机的转速。与数字爬虫机器人相比，减速电机的固定和输出轴与腿部的连接，就没有舵机那么方便了，需要自己加工一些小零件。

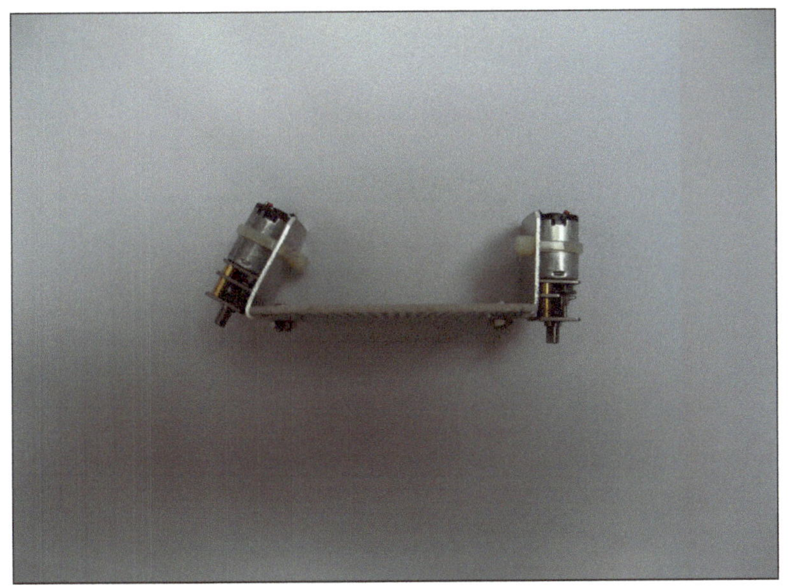

4 把质量较好的双面洞洞板裁成3孔 ×3孔的两小块。

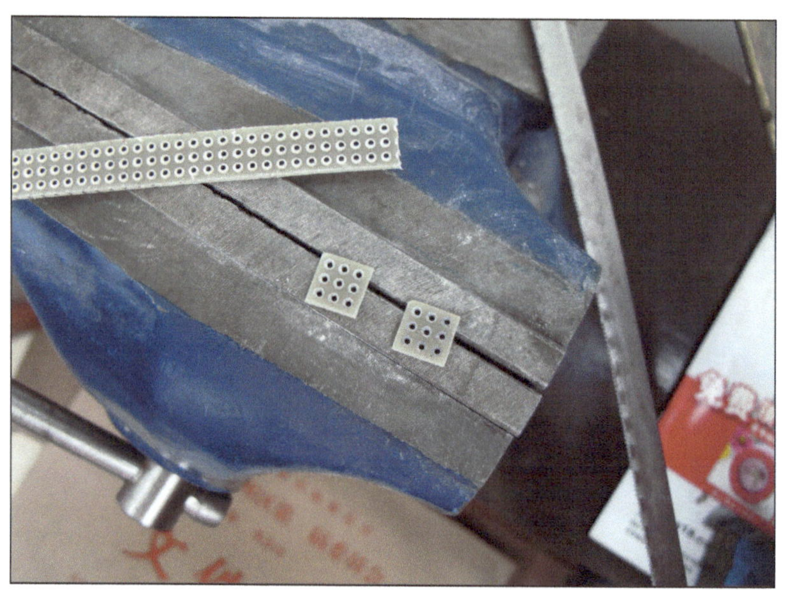

5 从压线端子里拆出两套铜芯，保留螺丝。铜芯的压线孔刚好可以配合上减速电机的输出轴。

6 借助3孔×3孔的洞洞板，把车条和铜芯焊接固定在一起。

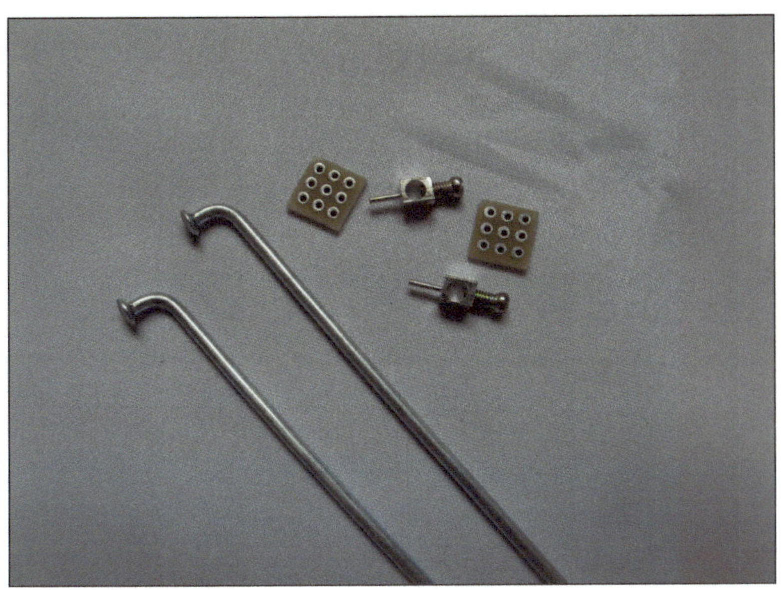

7 这是爬虫机器人腿部自制简易轴连器的细节。

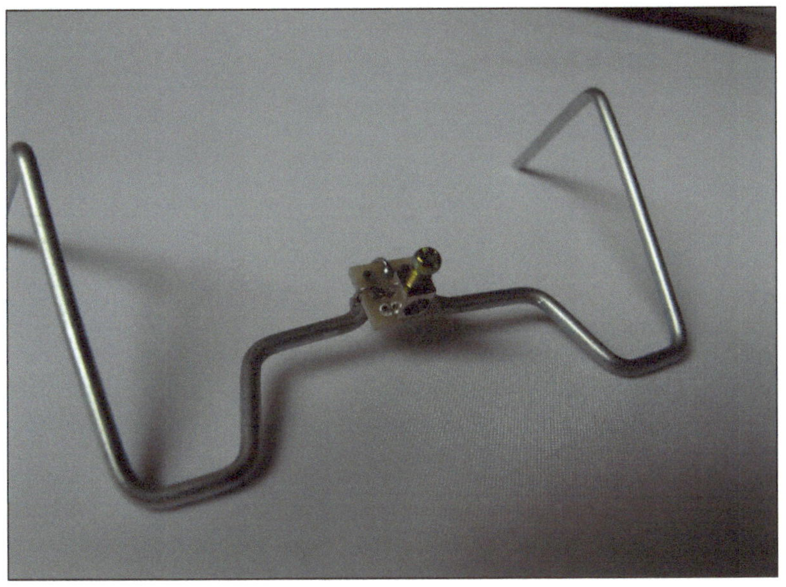

8 制作好的模拟爬虫机器人前腿组合与后腿组合。

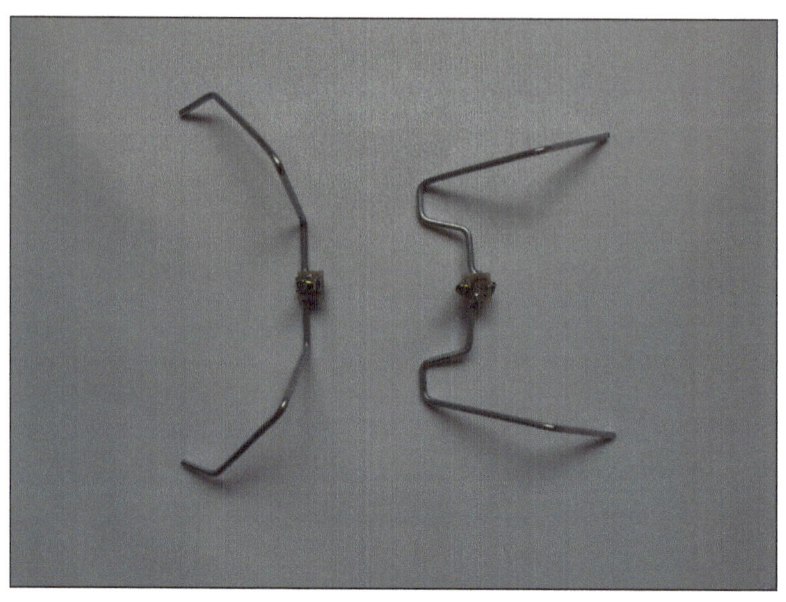

5.2.4 数字爬虫机器人控制核心的制作过程

元器件：

- ATmega8单片机，1个
- 28脚插座，1个
- 2针电源插座，1个
- 杜邦插针，8位
- 短路帽，1个
- 3.7V锂电池，1个
- 充电器，1个
- 细导线，适量

数字电路的特点是结构简单而原理复杂，模拟电路的特点是结构复杂而原理简单。这只数字爬虫机器人的电子部分充分体现出了这个特点，从电路图（见图5-2）和准备的元器件可以看出，数字爬虫机器人的电子部分除了一片AVR ATmega8单片机和一块锂电池，剩下的就是一些接插件了，不需要任何额外的阻容元件及有源器件。因为元器件极少，电路板的焊接也超简单，其实就是给单片机供电，再引出两组I/O口用来连接爬虫机器人头尾的两个舵机就可以。但是要让ATmega8正常运转，按照方案1的思路来控制这两个舵机做相应的动作，还需要编程下载等一系列后续工作。

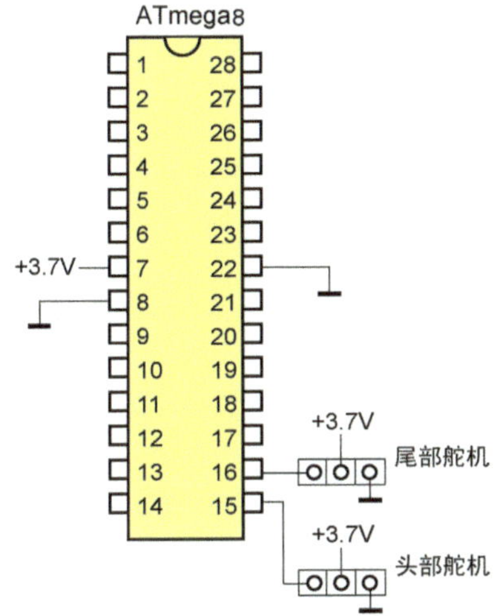

图 5-2 数字爬虫机器人的电路图

电子部分直接焊接在爬虫机器人身体的洞洞板上。ATmega8 单片机需要使用一个 28 孔插座，因为在调试爬虫机器人的时候，可能需要反复拆下 ATmega8 给它编程序。当然也可以给这只爬虫机器人做做加法，把 ISP 插座焊在这块洞洞板上，还可以加上复位电路，再把单片机的 I/O 口和 AD 口引出几组插针用于安装传感器。我这里只是搭建了一个 ATmega8 的最简系统，以元器件最小化为标准。

1 准备好数字爬虫机器人电子部分所需的元器件。

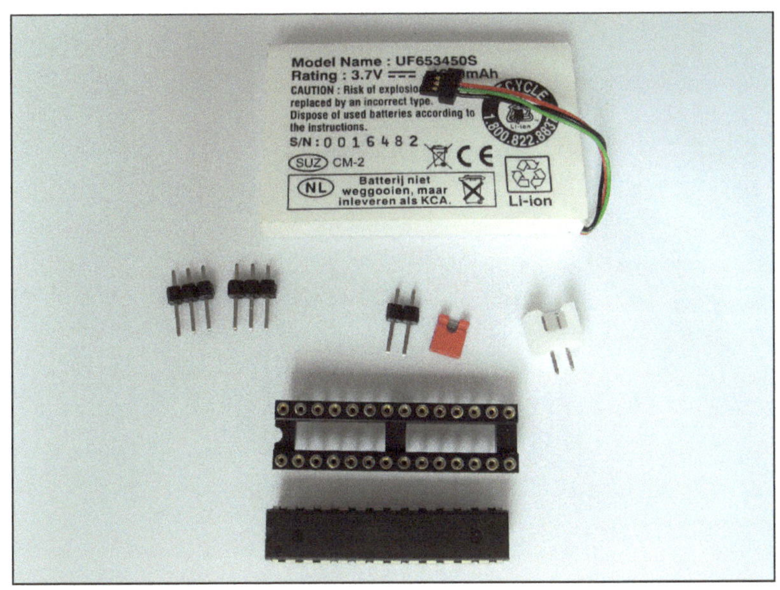

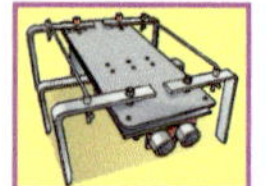

2 在爬虫机器人身体上焊接好电子部分。

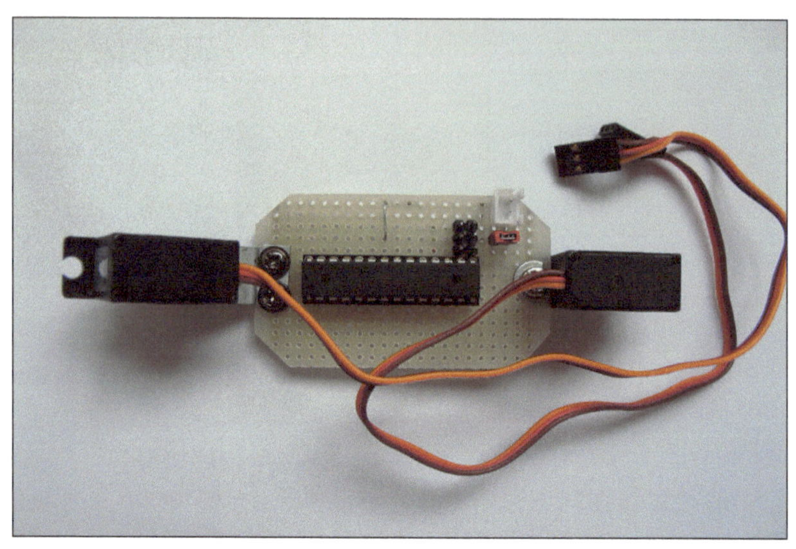

3 下图所示为数字爬虫机器人的全部零件，包括爬虫机器人的电子部分、前后腿和锂电池。

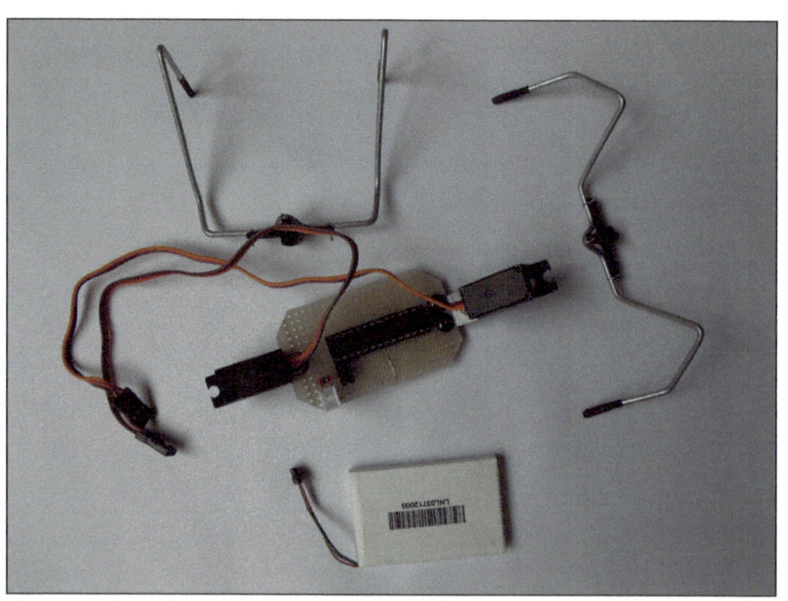

4 下图为装配好的数字爬虫机器人的顶视图。

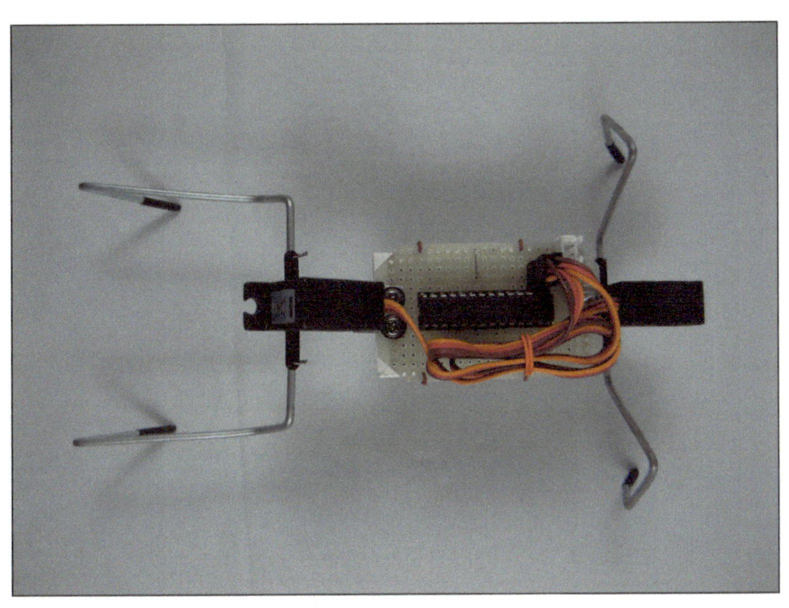

5 下图为数字爬虫机器人的前视图，有点终结者的感觉吗?

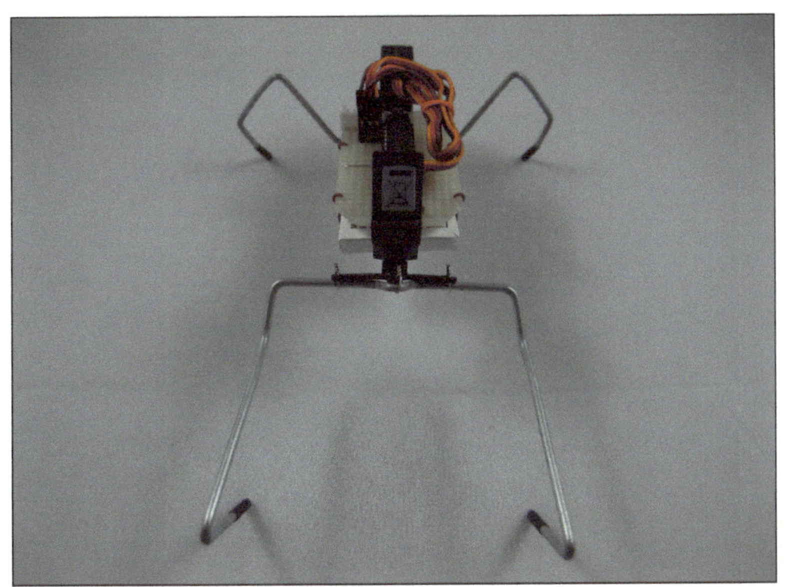

6 下图为数字爬虫机器人的尾视图，从图中可以观察到，后腿间距调整得比前腿间距稍大，以求平稳。

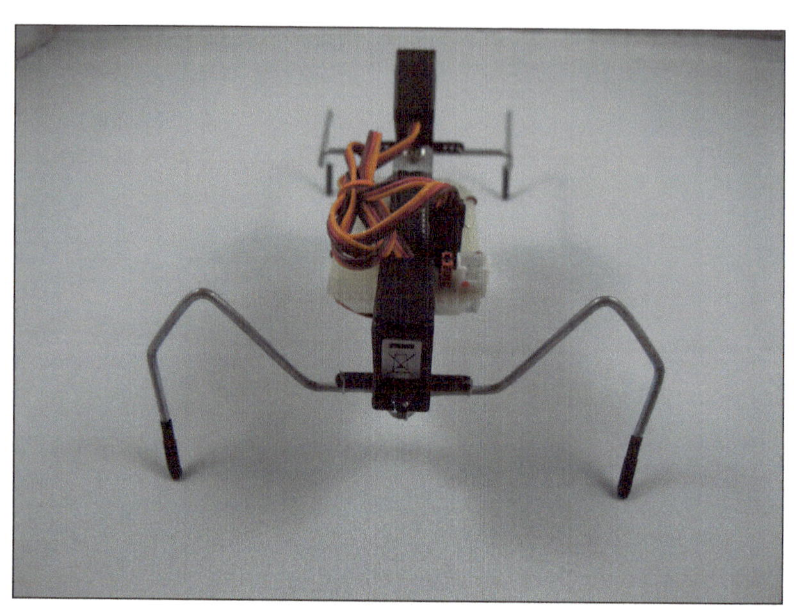

7 下图为数字爬虫机器人的侧视图，从图中可以看到头尾舵机、身体和腿之间的相互关系。图右侧为机器人的头部。

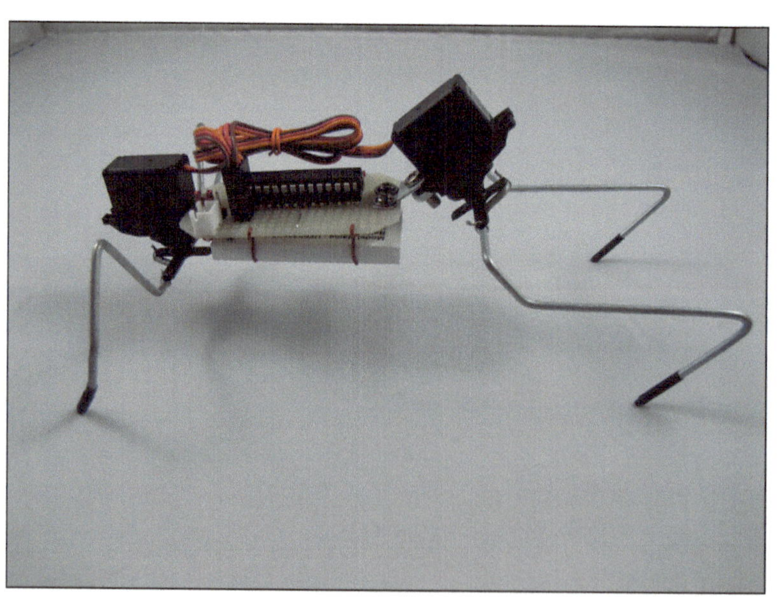

8 下图为数字爬虫机器人的底视图。借助虫体洞洞板边沿的闲置孔洞，用网线把锂电池捆绑在爬虫腹部，方便拆换。

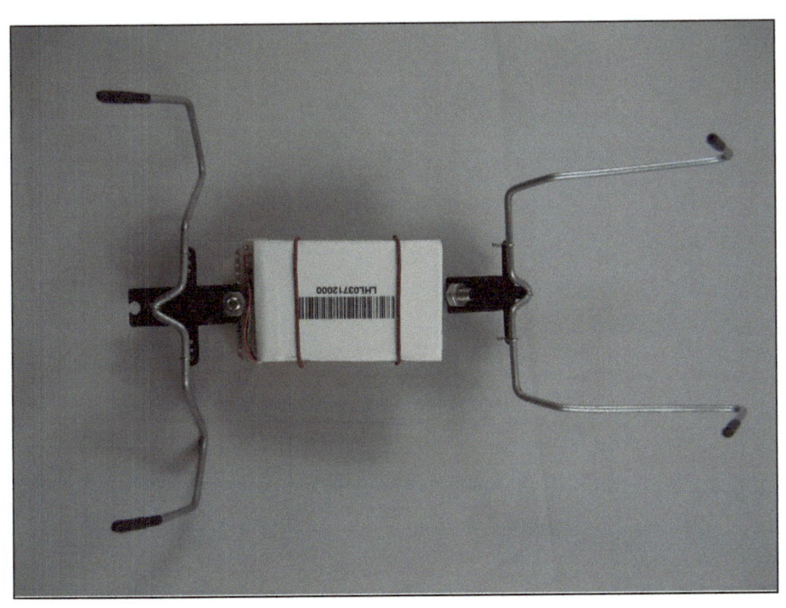

5.2.5 模拟爬虫机器人控制核心的制作过程

模拟爬虫机器人的电路如图 5-3 所示。电阻 R1~R2 阻值均为 2.2MΩ，电容 C1~C4 数值均为 0.22μF，可能需要根据实际运转情况稍作调整。M1 为头部电机，M2 为尾部电机。

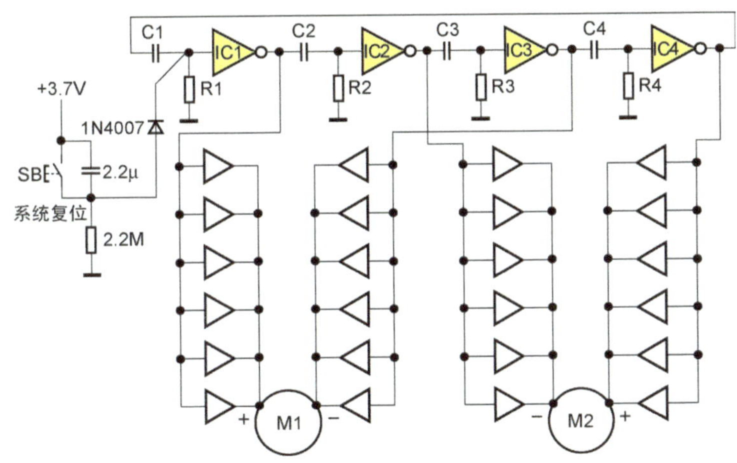

图 5-3 模拟爬虫机器人电路图

元器件：

- >> 74HC14，1个
- >> 74HC245，3个
- >> 0.22μF/63V电容，4个
- >> 2.2MΩ 电阻，5个
- >> 2.2μF/63V电解电容，1个
- >> 2针电源插座，1个
- >> 3.7V锂电池，1个
- >> 充电器，1个
- >> 细导线，适量
- >> 小开关，1个
- >> 1N4007，1个

1 准备好模拟爬虫机器人电子部分的全部元器件。

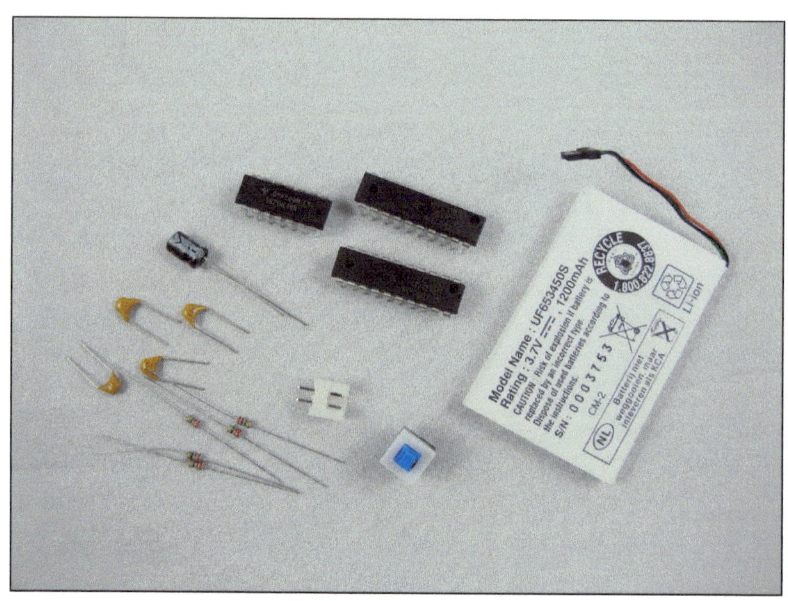

2 使用缠绕焊（Free From）手法焊接的爬虫机器人控制核心。

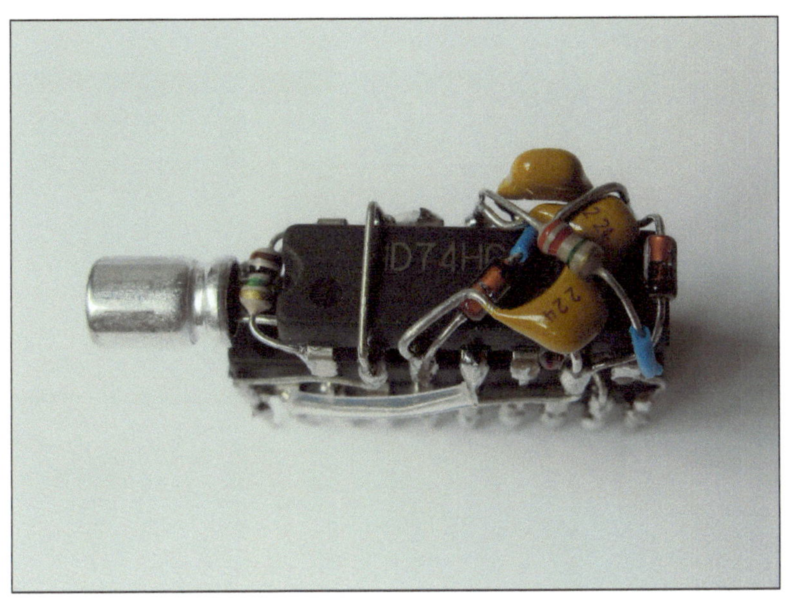

3 下图所示为模拟爬虫机器人的全部零件，包括电子部分、骨架、前后腿和锂电池。

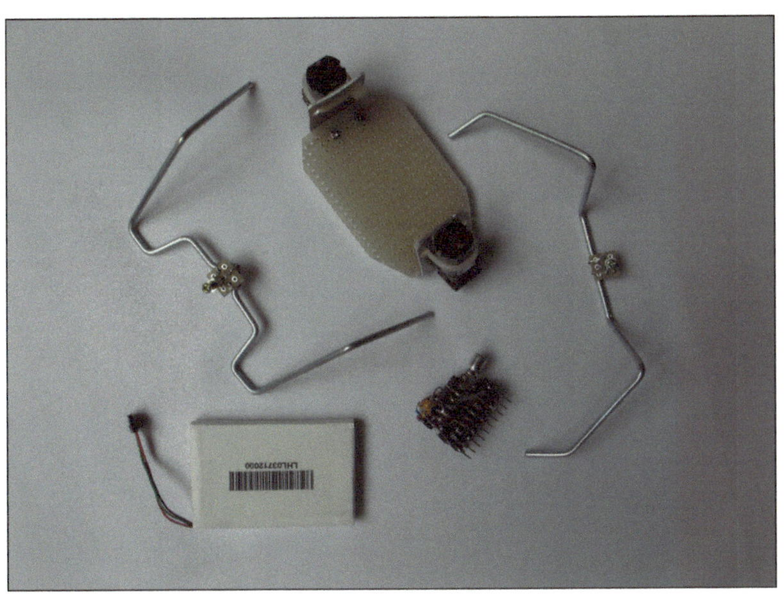

4 下图为模拟爬虫机器人的前视图。从图中可以看出，前腿间距略小于后腿间距，这是为了机器人运行稳定而做的调整，使整个骨架的重心位于中后部。

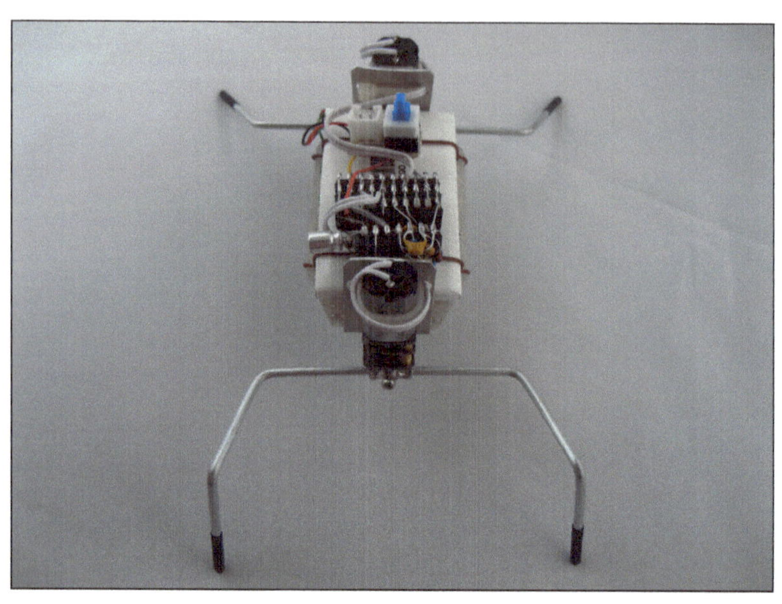

5 下图为模拟爬虫机器人的底视图。从图中可以看到连接前、后腿的一根弹簧，这是一种补偿手段，用来调整神经元网络的运转特性，使机器人爬行平稳。弹簧也类似生物的肌肉，在前、后电机之间建立一种机电反馈。

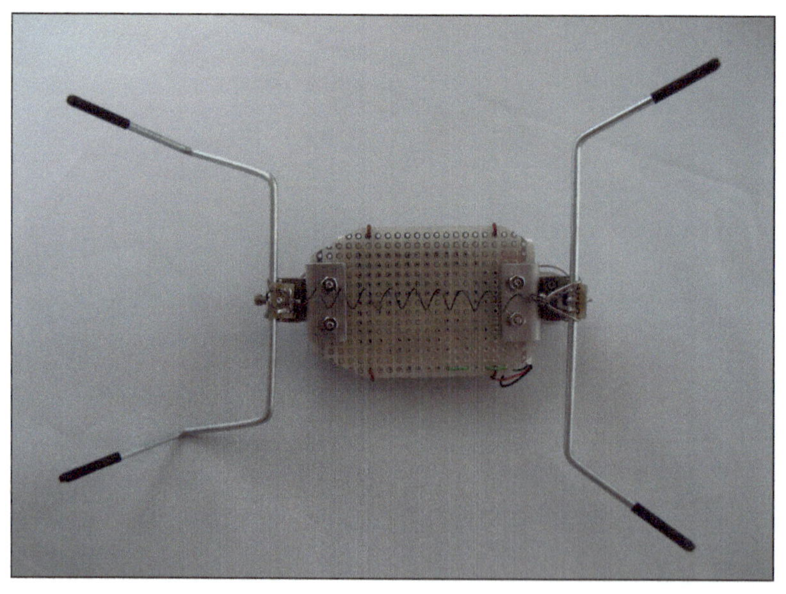

6 下图为模拟机器人机器人的侧视图，从图中可以看出前、后电机与地面的夹角关系。

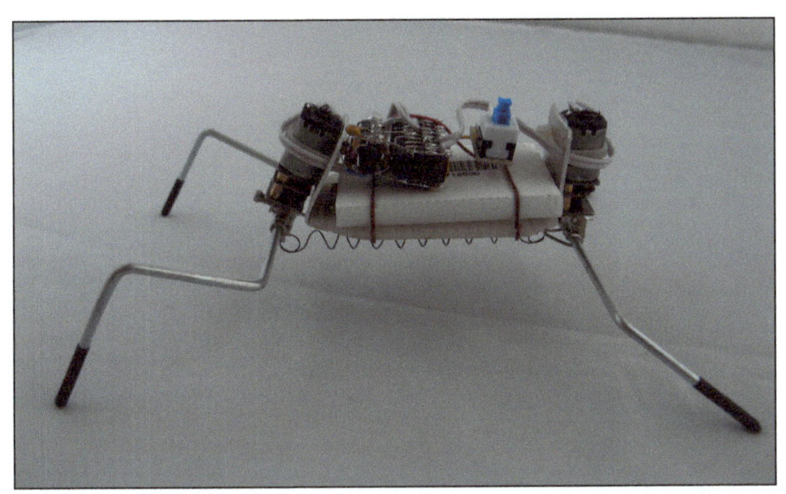

7 下图所示为模拟爬虫机器人电子部分的特写，锂电池和电控核心“驮”在机器人的背上。

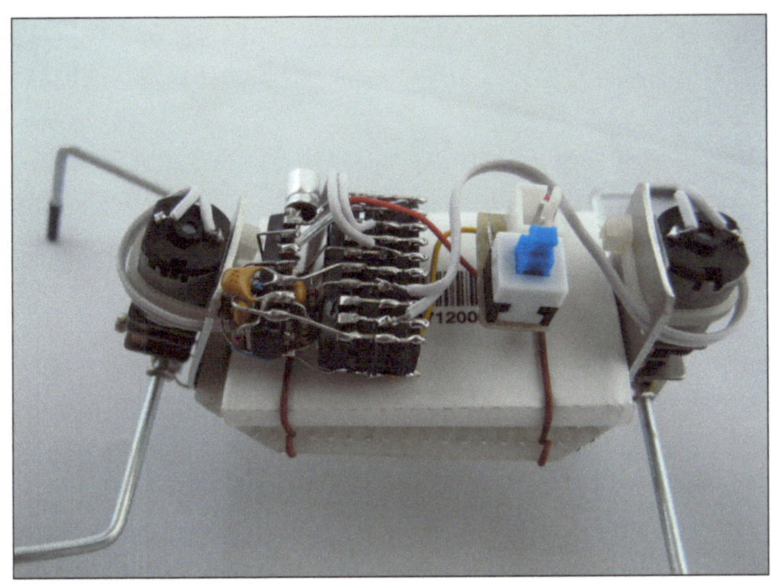

5.2.6 最终效果对比

两款爬虫机器人都制作完毕了，如图 5-4 所示。通过上文的制作过程，已经可以看出数字和模拟两种控制理念在机器人结构形式上造成的巨大差异。那么它们最终的运行效果又怎么样呢？请看下文的性能对比。

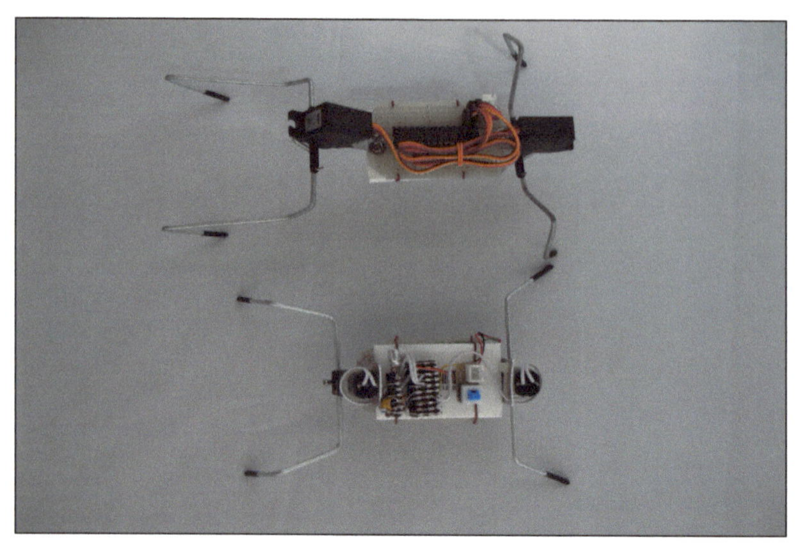

图 5-4　两款爬虫机器人合影

1．两个爬虫机器人都达到了最初设计的首要目标，即爬行前进

数字爬虫机器人的造价稍高，这是因为总装完毕以后的数字爬虫机器人是不能工作的，还需要给它编写程序，这个环节增加了它的额外成本。而模拟爬虫机器人则通电就可以运转。

AVR ATmega8 双舵机数字爬虫机器人的程序可以在这里注册下载：http://www.instructables.com/id/A-Servo-based-4-legged-Walker/，这是一个入门级程序，包括了爬虫冷启动的步态归零和爬行前进控制。

2．爬行姿态和路面适应性

数字爬虫机器人头尾的两个舵机在单片机的控制下执行上文方案 1 中所列的动作，排除舵机虚位的影响，动作精确度和效率都很高。爬虫机器人冷启动状态下程序会强制将前后腿位置归零，机器人不需要学步就可以直线前进。数字爬虫机器人的行走视频见 http://v.youku.com/v_show/id_XMTkzODkyNzI0.html。

数字爬虫机器人的缺点是动作僵硬，两个舵机只进行简单的角度控制，且不能对路面的变化做出任何反馈。这些问题可以通过加入逐级的步态控制和通过传感器检测环境来改善。

模拟爬虫机器人通过 74HC14 构成的神经网络来控制，神经网络是一种非线性模拟控制系统，它解决了采用数字方法很难处理的实时控制问题。这个优点在这个爬虫机器人上也得到了很好的体现，模拟爬虫机器人可以根据路面的变化自行调整步态。这种机制是建立在电路与执行机构内部的，完全不用像单片机电路那样需要

传感器的介入。在机器人的冷启动阶段，有一个学步过程，模拟爬虫机器人会根据上电之前的腿部姿态、路面状况和重心进行一个自发的步态调整。为了说明问题，我把模拟爬虫机器人的结构做了一些改动，读者可以通过这个近乎苛刻的测试视频来体会一下模拟控制的强大：http://v.youku.com/v_show/id_XMTk4NjM0NTAw.html。

从视频中可以看出，模拟爬虫机器人具有极大的适应性，这得益于神经元网络一个独特的特性：神经元网络可以在驱动电路与电机之间建立一种内置的反馈机制，使机器人的关节可以对外界的变化产生反应。这是一种类似力度反馈的特性，事实上，一个神经元网络的运行效果很像一个具有反射特性的硅基生物。

3．功能扩展

数字爬虫机器人的升级比较简单，读者可以给它重新编程，试着实现上文方案 2 中的控制思路，同样的硬件，换不同的程序，机器人的运行效果会呈现出很大的不同。还可以给单片机加上传感器，设计一下它的后退和拐弯功能。

模拟爬虫机器人的升级相对困难，要扩充新的功能，就需要在硬件上做很大改动。我用缠绕焊的手法来表现模拟爬虫机器人的电子部分，更使得已经焊成一个整体的元器件无法重复利用。

5.3 快速原型机、LittleBits 和机器蠕虫

随着个人制造业的兴起，一些往常只有高端制造业才涉及的方法和理念也开始普及起来。本节就以快速原型机为题，通过一个简单的制作实例说说其中的乐趣。

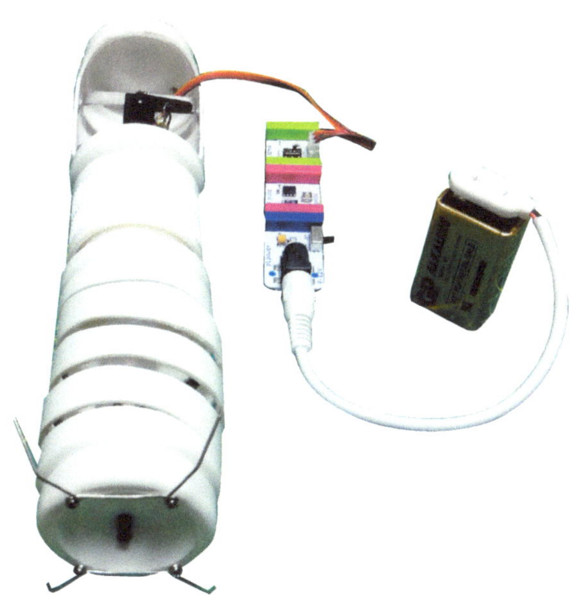

5.3.1 快速原型机

如果你想让自己的作品火起来，不管是开源还是量产，原型机都是一个不可或缺的环节。但是创意产品中的原型机与传统概念上的原型机——大到战斗机，小到手机，都有很大不同。我个人认为其中最大的区别就是创客把设计原型机的过程从幕后的实验室、工厂或车间搬到了前台，直接供用户体验和评判，带有科普的性质。这样等于无形之中把参与讨论的人扩展了好多倍，借助互联网创意创新的优势，从以往仅限于研发团队的小圈子扩展到了对技术感兴趣的众多爱好者。不管你是不是专家，都可以提出自己的建议，这些建议无疑增加了项目的互动性，拓宽了设计师的思路。于是一个创意设计是在不断迭代前进的，在某个时期，你既可以把它称为原型机，也可以把它算作最终产品。

实际上很多开源项目都起到了抛砖引玉的作用：起了个头，提出了基本思路，给出了必要工具，剩下的就留给玩家自由发挥了。这种原型机，或称产品（其实两者的概念已经很模糊了），具有无尽的可能性，生命力也是最强的。

创意型原型机的另一个优点是快速。从概念验证出发，用最简单的材料、最高效的方式把一个设计呈现出来，之后再在这个基础上修改优化。快速原型机可以说是创客的一大法宝，一个东西只有做到简单易懂，玩的人才会多起来，讨论也会更加热烈。这个思路也影响了很多专业级的实验室，比如麻省理工推出的一系列新概念机器人和电子产品，所用的素材非常普通，包括卡纸、积木、塑料、雪糕棒等。

下面介绍两个我自己的快速原型机制作实例，更能说明问题。第一个实例是仿照NASA的概念化土卫六（泰坦星）探测器——Super Ball Bot(超级球）制作的一对张拉整体结构模型（见图5-5）。这两个快速原型机不涉及任何电子部分，只是为了体验一下这种结构的特点。素材使用的是随手可得的饮料吸管、废牙刷柄和几根

图5-5 张拉整体结构原型机，左为“1代机”，右为“2代机”

橡皮筋。实际上，张拉整体结构的搭建过程本身就很有趣，只有保持拉索和杆子受力平衡，才能形成这种弹性结构。《爱上制作》曾专门刊登过一篇这方面的文章。

第二个实例是一对小6足机器人（见图5-6）。右边的是快速原型机，这个原型机的目的非常简单，只是为了从机械角度观察、验证连杆机构的可行性，因此没有使用单片机等可编程元器件。主要材料是几根曲别针，底盘用的是铝合金边角料，驱动器则是一个再利用的减速电机。左边是基本定型的2代机，可以看到改动非常大，使用了3个舵机和Arduino控制板，加入了超声波传感器，只能从结构上隐约看到一点1代机的影子。

图5-6　小6足机器人快速原型机（右）和2代机（左）对比

5.3.2　LittleBits 和机器蠕虫

下面就以一个机器蠕虫的制作实例说说快速原型机的制作思路。这个原型机的目的是验证用舵机和弹簧驱动机器蠕虫的可行性。材料使用的是搭建快速原型机的好帮手——LittleBits，以及一些生活中常见的物品，见图5-7。

关于LittleBits的介绍已经很多了，这里主要说明怎么用。需要注意的有两点。一是成套发售的LittleBits中的功能模块没有重复的，比如我用的这套里面只有一个舵机模块和一个舵机驱动模块，如果需要使用多个舵机，就要单独采购相应的模块和舵机。在最初的设计里，我除了想用一根水平扎带拉动弹簧控制机器人伸缩"舱室"的屈伸来前进，还想通过另一根尼龙扎带侧向拉动（见图5-8、图5-9）控制机

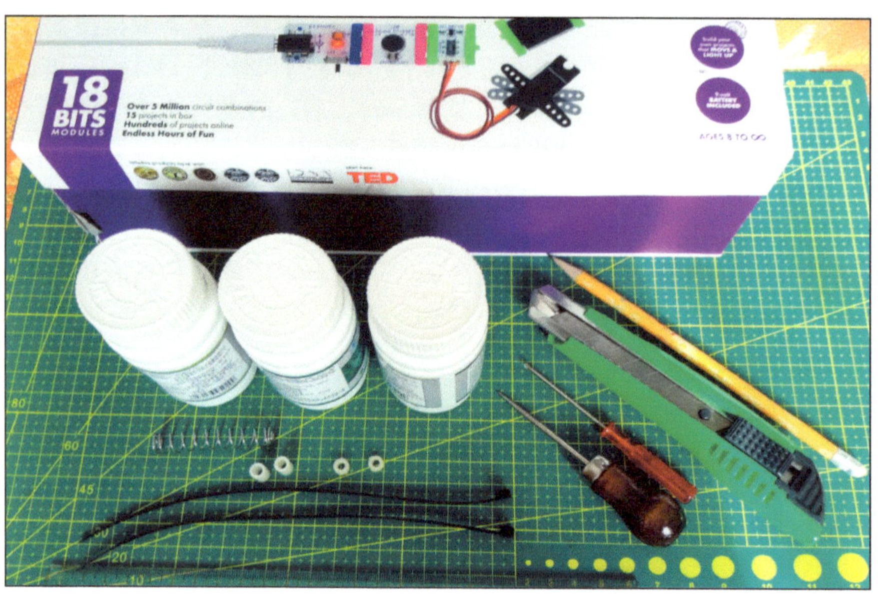

图5-7　制作机器蠕虫所需材料和工具

材料和工具：

>> LittleBits基础套件，1套

>> 中号药瓶，2或3个

>> 弹簧，1根

>> 小刀、锥子、螺丝刀

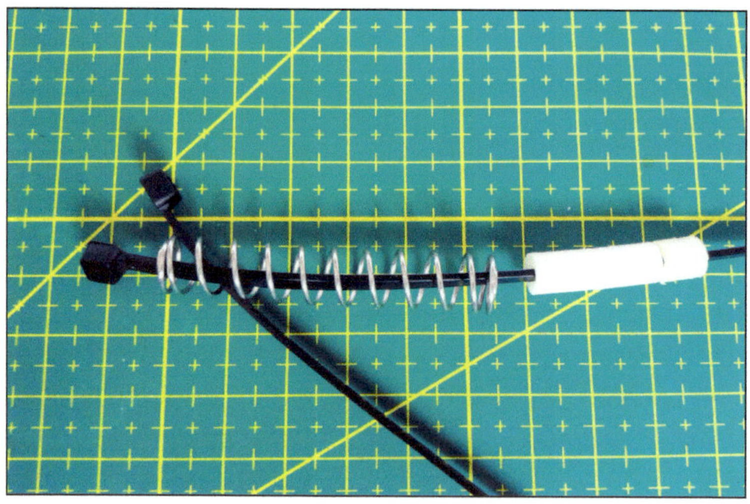

图5-8　机器人伸缩舱室内部细节

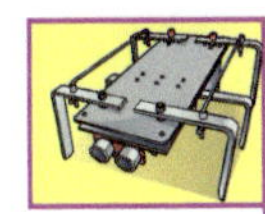

图 5-9 用瓶盖制成的连接伸缩舱室和驱动舱室的隔板

器人转弯。最后不得不根据现有情况做了一些简化，取消了第二个侧拉舵机。

弹簧是从洗手液瓶子里面拆出来的，这种按压式洗手液或洗发液瓶子中使用的弹簧质量非常好，尺寸和力度适中，非常适合用来制作或改造一些复杂的小机构。

二是LittleBits的模块和延长线间使用的是磁性搭扣连接，每个模块的输入和输出都有3个电气接点，并具备防呆设计，不用担心接错的问题。一般模块的连接顺序从左向右依次为电源、输入、处理、输出。模块功能可以通过接口颜色区分：蓝色的为电源模块；粉色的为输入模块，包括各种接收外部信号的传感器或信号发生器；橘黄色的为处理模块，包括信号处理和信号分配模块、延长线等；绿色的为输出模块，包括电机、舵机和LED等。机器蠕虫的模块连接顺序如图5-10所示。

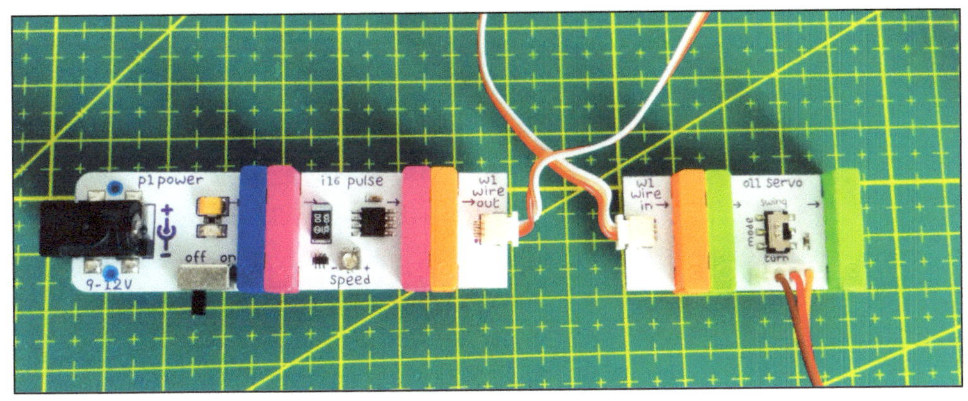

图 5-10 机器蠕虫模块连接示意图

药瓶需要用质量好一点的，瓶壁要有一定厚度。我开始设计的是将3个瓶子连成一个整体，依次为伸缩舱室、驱动舱室和电源舱室。后来发现瓶子长度有点短，装不下电源模块和电池，只好去掉了一个舱室，电源拖着一根延长线给机器人供电。好在LittleBits除了各个功能模块，还有专门用来分配信号和延长电缆的模块，包括一分三的分配器和两头是磁性搭扣、中间是长电缆的延长线模块（见图5-11），使用起来比较方便。

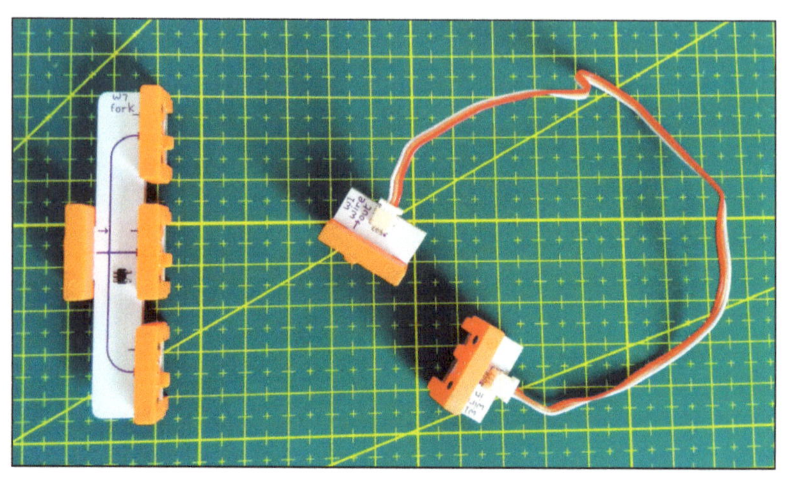

图5-11　LittleBits的分配器和延长线

制作使用的工具没有特殊要求，小刀、锥子和螺丝刀都是居家必备的小工具。实际上一把瑞士军刀就包含了这些工具。

机器人伸缩舱体的加工需要用小刀把药瓶切成螺旋形的切口，使它的“外皮”可以在内部弹簧和扎带的控制下伸缩。舵机拉动弹簧收缩的时候负荷较大，转速变慢；伸展的时候有弹簧助力，速度较快。再加上安装在机器人头尾的用曲别针制成的倒刺，可以确保机器人在粗糙地面（比如地毯）上或管道中蠕动前进。伸缩舱体的外部细节如图5-12所示。

制作的难点是尼龙扎带和舵机的固定，这部分相当于机器蠕虫的心脏。为了观察和安装方便，在瓶体的一侧挖个大洞。LittleBits自带的是9g微型舵机，我用1mm厚的铝板做了两根横梁，把它架在了驱动舱体的中间，如图5-13所示。尼龙扎带好比是机器人的肌肉，我用从接线端子里面拆出的铜芯和一小段曲别针做了一个简单有效的调节装置，可以很方便地调整扎带的松紧程度。除了机械调整，也可以通过LittleBits的脉冲发生器和舵机模块调整舵机摆动的速度和幅度。

至此就大功告成了。因为采用了快速原型机的设计理念，整个作品从构思到最终实现只用了半天时间。剩下的就是观察和修改，在此基础上扩展更多的功能，用

更好的材料进一步完善结构和电子部分。虽然这个制作比较简单，但实际工作效果还不错，尤其是蠕虫“心脏”的工作状态看起来非常清晰，机器人运动的方式也很酷。

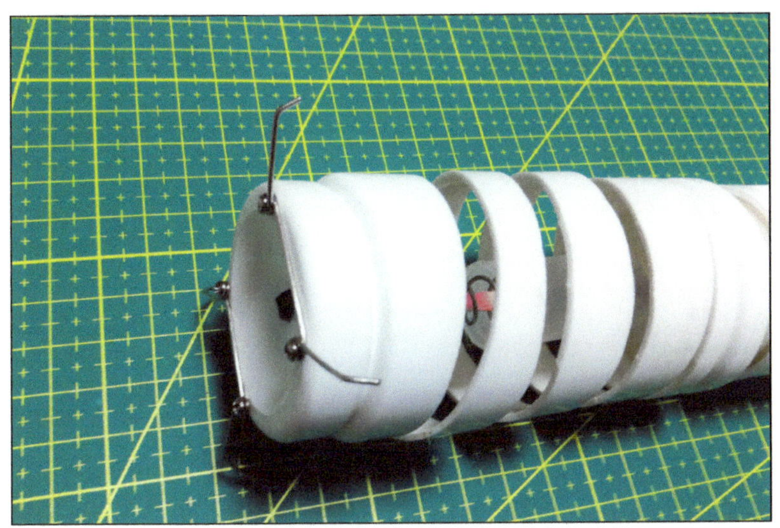

图 5-12 伸缩舱体和安装在头部四角的倒刺

图 5-13 舵机的安装方式

5.4 用 Arduino 打造超级 BEAM 机器人

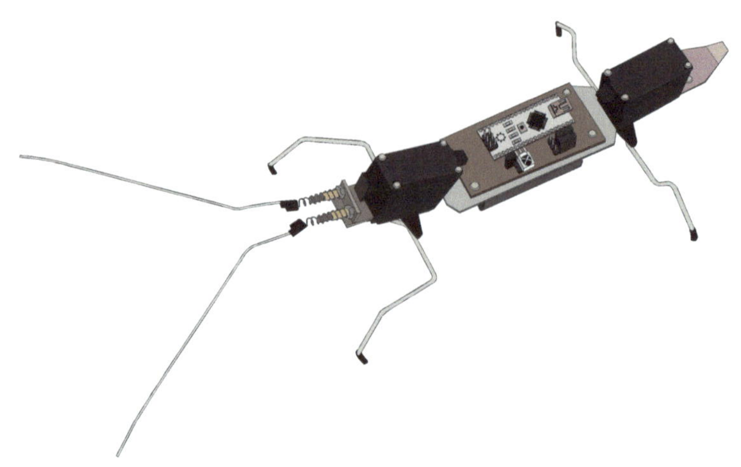

本章第一节《数字 PK 模拟》面向的是初学者，期望用两个简单有趣的制作项目让更多的人喜欢上机器人，但对一些读者来说，实现起来还是有一定难度的。

首先，以由 74XX 系列 IC 构成的神经元电路为核心的模拟爬虫机器人调整起来过于麻烦，很多时候还得靠运气。BEAM 机器人是一个机电自平衡系统，以常见的 Bicore 双元核心（见图 5-14）为例，这种电路的效率虽然很高，但是因为元器件误差和机电反馈的存在，很难把爬虫调整到稳定状态。我采取的是 RC 补偿的办法，在 0.22μF 电容上并联数百至数千皮法的瓷片电容或调整 2.2MΩ 电阻的阻值（见图 5-15）。如果还不成，就加入机械限位（见图 5-16），目的是使机器人在常态下，腿部两个方向上的动作幅度保持一致。

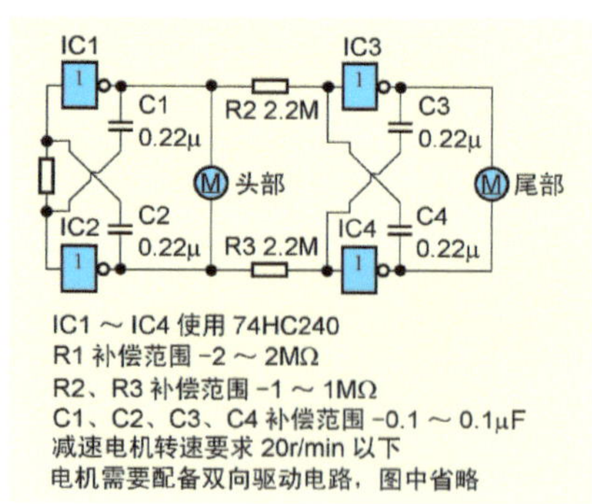

图 5-14　Bicore 双元核心模拟爬虫机器人电路原理图

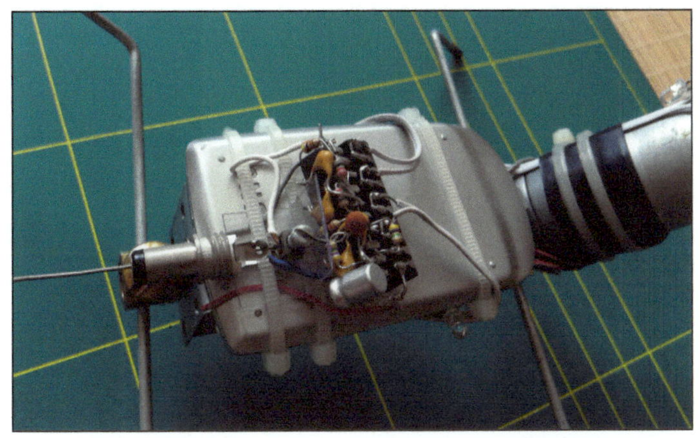

图5-15　在0.22μF电容上并联4700pF瓷片电容进行补偿

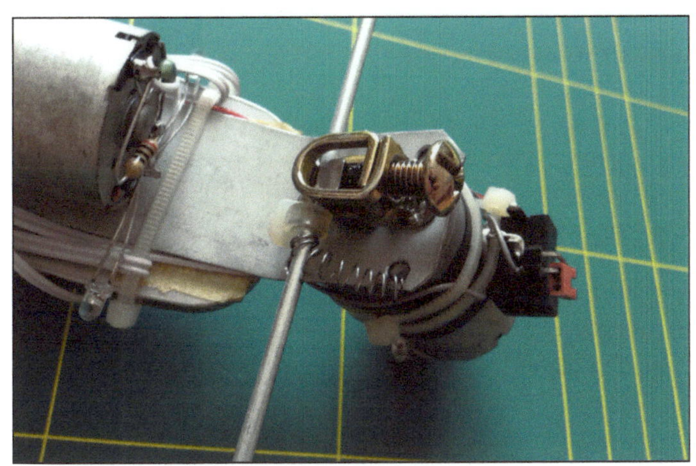

图5-16　用弹簧增加一侧负荷进行机械补偿

其次，制作数字爬虫机器人时，Arduino刚问世不久，我对它还不是太看好，所以数字爬虫机器人的核心元器件使用的是当时比较火的AVR ATmega8单片机（相传这款单片机一度卖到断货）。对大多数业余无线电爱好者来说，自制编程器和给单片机烧写程序都不是很困难的事情，若是初学者，如果只是自己看书、身边没有人指导，就会感觉有点摸不着头脑。

现在好了，以Arduino(其核心仍然是AVR单片机）为代表的开源平台越来越成熟了。它的优点是软硬件有一套成体系的标准，上手简单，程序通用性强，网上的资料也很丰富（近七成的单片机制作项目都涉及Arduino)，是初学者的一大福音。

本次，我将用Arduino制作一只BEAM机器人，作为《数字PK模拟》的补充，这也是一个十分应景的项目。只要你具备一定的动手能力，再稍微花点心思研究一下Arduino IDE的用法，就可以制作成功。

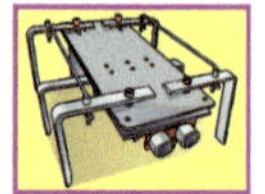

为了便于区分，我们把之前制作的数字爬虫机器人称为1号机，这次的Arduino爬虫机器人称为2号机。这两个爬虫机器人的骨架构造完全一样，采用的都是Andrew Miller的设计，唯一的区别是2号机比1号机大了一圈。1号机使用的是ATmega8单片机，主频设定在1MHz，电源是一块3.7V锂电池，动力部分选择的是2个9g微型舵机。2号机就不同了，因为大多数Arduino的标称输入电压为7~12V，电路板上的单片机工作在5V（当然你也可以拆掉外部晶体振荡器降频使用，用3.7V给Arduino供电，这就超出了本文讨论的范围），所以电源选用了一块7.4V模型用锂电池，相应的舵机规格也跟着提高了，使用的是2个标准舵机。

制作2号机所需的材料见下表，实物如图5-17所示。

材料：

- 标准舵机，2个
- 舵机配套摇臂，2个
- Arduino NANO或其他兼容板，1块
- 7.4V锂电池，1块
- 2S锂电池充电器，1个
- 1N5408二极管，2个
- 小开关，1个
- 排针、排母，适量
- 车条，2根
- 1mm铝板，1小块（大约35mm×95mm）
- 尼龙立柱或铜柱，4个
- 螺丝、螺母，适量
- 细铜丝，适量

图5-17　制作2号机所需的材料

5.4.1 结构部分的制作

1 2 号机结构部分的制作和之前的 1 号机相似，这里就不过多说明了，给出的制作过程基本是看图说话。首先切割一小块铝板作为机器人的底盘，在业余条件下切割大块板材的绝佳工具是 G 形夹子配钢锯，操作方法见下图。

2 用剪刀修正底盘边沿。厚度在 1mm 以下的小块板材的精加工可以用铁剪子完成。注意剪切操作常会使板子边缘出现卷边，尽量分多次剪切成型。

3 给机器人底盘钻孔。对薄板材钻孔，下面一定要垫木板。我的这块垫木从 2011 年用到现在，已经伤痕累累了，立功不小，拍照留念一下。

4 对机器人底盘进行折弯。板材的折弯操作需要用到一块木方。把材料在台钳上固定好，用左右手在两侧把住木方，倚靠在工件上挤压成型，这样可以使材料弯曲部位的棱角更漂亮。

5 用量角器确认机器人头部仰角为30°。以我制作多个类似机器人的经验，折弯部位的角度应该尽量精确，这样可以降低后期调整的难度（只需微调腿部即可），所以建议准备一个量角器。

6 加工好的底盘如下图所示（左侧为头部），剪去四角以增加美感。注意，为了安装弹性减振部件，舵机固定孔直径设为2.5mm。固定电路板的4个立柱钻的是标准的M3安装孔。

7 接下来安装舵机，只需把舵机的一侧固定在底盘上。我使用的是在M2.5螺丝外面套铜铆钉和橡胶垫固定的方式，为的是在舵机和底盘间形成一个弹性缓冲以减小机械振动。坦白说这样做有点夸张，实际振动没有想象的那么明显。为了降低难度，你也可以直接打标准孔，用M3螺丝固定舵机。

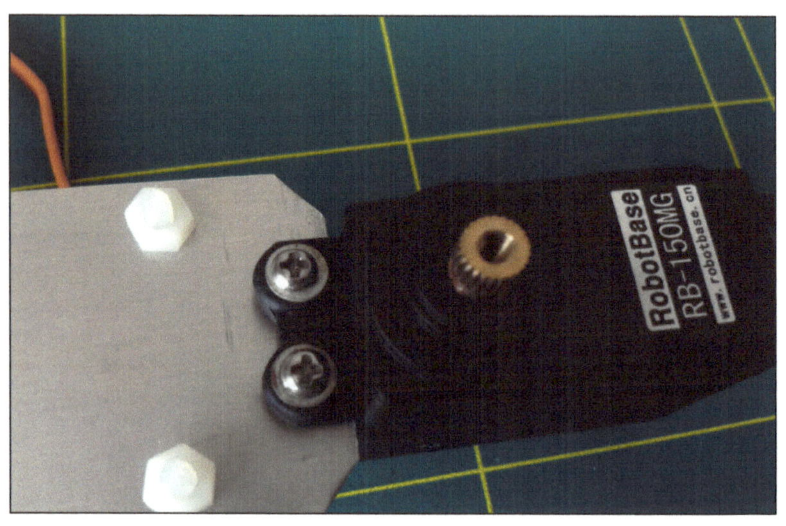

5.4.2 电子部分的制作

2号机的电子部分非常简单，系统配线方案如图5-18所示。红外接收头和触须开关是可选项，我们的首要任务是制作一只爬行机器人，一开始只要在Arduino的D11、D12引脚连接两个舵机即可。

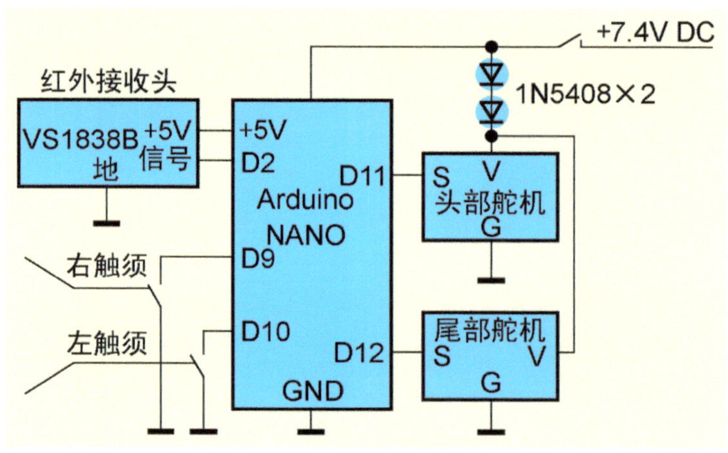

图5-18 2号机的系统配线方案

在洞洞板上根据需要预留出扩展位置，剩下的工作基本就是焊接排针、排母(见图5-19)。为了充分利用空间，可以把两个1N5408二极管焊接在Arduino NANO底部。

图5-19　完成后的2号机电路板

最后是机器人的总装。把多余的电缆塞入洞洞板和底盘之间的空隙中，把锂电池用扎带固定在底盘下方，把用自行车车条弯成的腿用细铜丝扎牢在舵机摇臂上，如图5-20所示。

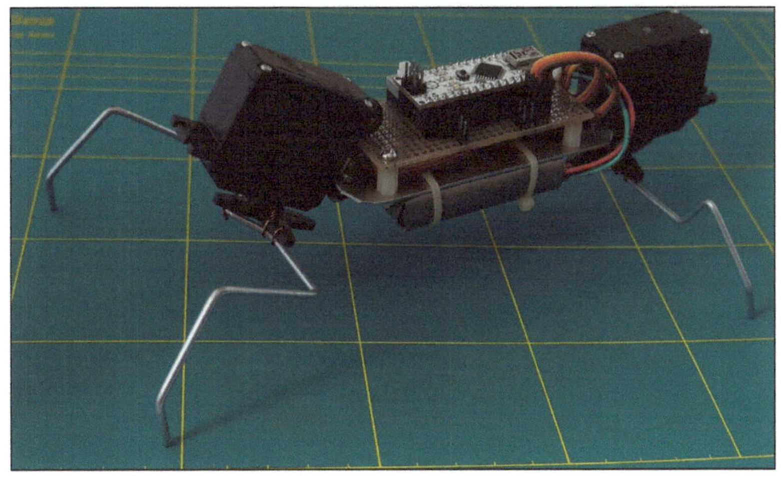

图5-20　初具雏形的2号机

5.4.3 控制软件

在《数字PK模拟》一文中，我提出了两个双电机BEAM机器人的控制方案。方案1类似由4个神经元串联起来构成的Quadcore，让两个舵机间歇运转，尾部舵机优先启动，只需确保舵机转向相反即可。这个方案的优点是简单，因为同一时刻只有一个舵机在动，时序很好处理，电源负荷自然也比较低。缺点是受结构所限，机器人快速运转时步伐不够连贯。

方案2是让两个舵机始终往复运转。以机器人直行为例，头部舵机的时序总是要比尾部舵机提前1拍，有点类似BEAM机器人的主-从Bicore结构。这个方案的优点是执行效率非常高，能够保证动作的连贯性，可以让这种仅由两个舵机构成的简易4足机器人发挥到最佳状态。缺点是需要让两个舵机始终处于运转状态，时序复杂且比较耗电（当然只是和第一个方案相比，实际耗电水平和一辆2WD机器人小车相当）。

综合考虑，我选用的是方案2，机器人的步态设计见下表。可能有的读者对照《数字PK模拟》一文中的方案2会有点看不明白，这是因为舵机和减速电机的转向是相反的（输出轴面向自己，向0° 转是逆时针，向180° 转是顺时针）。另一个要注意的是，下表中给出的数字为临界值，表示的是舵机向一个方向转动的过程，因为舵机转动到一个位置需要时间。以头部舵机为例，90° 为中点，舵机始终在中点左右各30° 的范围内摆动，第0步的实际动作是120° →90° ，第1步是90° →60° ，第2步是60° →90° ，第3步是90° →120° 。我们就是要利用这几个关键点达到简化程序的目的。

机器人步态

步数	0	1	2	3
头部舵机	60	60	120	120
尾部舵机	60	120	120	60

为了方便初学者，软件采取了最大程度的简化处理，实际上比Arduino IDE自带的一些示例还简单。熟悉电子舞曲或者鼓机软件的朋友们会注意到，头部舵机和尾部舵机的节奏前后只差1拍，这样我们就可以建个数组，用查表法快速确定两个舵机的转动模式。我们还可以加入简单算法通过查表改变机器人的行为模式，让它可以左右转弯和倒退行走。

打开Arduino IDE，上传下面这段程序就可以观察机器人的运行效果了（见图5-21）。

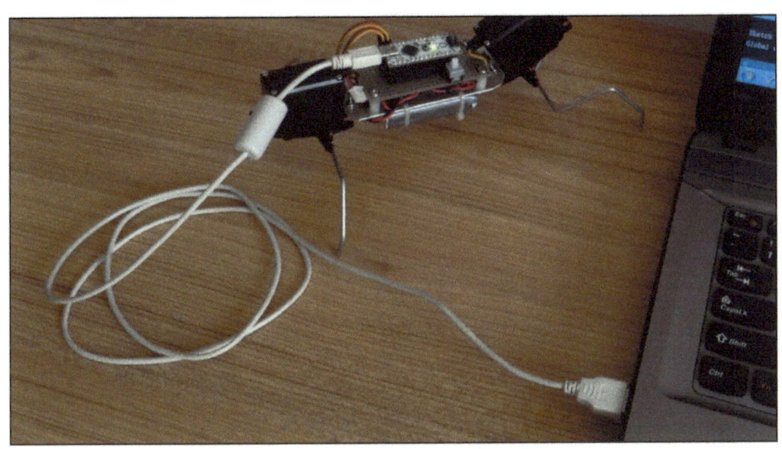

图 5-21　告诉机器人谁才是老板

```
include <Servo.h> // 导入舵机库
Servo head,back; // 创建舵机对象，head 为头，back 为尾
byte steps[] = {60,60,120,120,60,60,120, 120}; // 见注 1
void setup() // 系统初始化
{
  head.attach(11); // 启用头部舵机
  back.attach(12); // 启用尾部舵机
}
void loop() // 主程序
{
  for(int n=0;n<4;n++) // 一个步态循环
  {
    head.write(steps[n]); // 查表获得头部角
    back.write(steps[n+1]); // 查表获得尾部角
    delay(280); // 见注 2
  }
}
```

注 1：建立数组存储舵机转动模式，考虑到后面的传感器需要查表算法配合，所以预留了一些扩展值。因为舵机存在响应时间和转向差异，有时一个方向上会差几度，可以根据情况微调这些数值，比如减小角度或不对称取值（一侧取 90-22=68，另一侧取 90+26=116），对步幅进行调整，防止机器人行进时偏向一侧。

注 2：留出舵机动作时间，调节这个值可以微调步伐间隙，使机器人的动作更加连贯。

如果你发现机器人的动作过于僵硬，颠簸严重，调整步幅和步伐间隙都无法改善，可以考虑对数组进行扩展，增加一二对过渡角度，相应调整一个步态循环的数量，通过插入更多的中间值实现舵机动作的缓慢过渡，使机器人的步伐更稳健。

5.4.4 功能扩展

以现在的技术水平，在业余条件下制作一个会走路的机器人已经算不上太神奇。此时的机器人是一个封闭系统，只能实现一个行为模式——漫无目的地向前跑。接下来我们要做的是给它加上传感器，让它可以和外部环境互动，这样的机器人才能算真正地“活”起来。

为了简化问题，我加装的是一对BEAM风格的触须，通过安装在机器人头部的两根金属丝感知前方和两侧的障碍，实现左右转弯和后退。这样其实是使机器人具备了走迷宫功能，注意这次是真的用“脚”走，如果你玩腻了各种走迷宫和避障的小车，这个项目绝对会给你增添乐趣。另一个传感器是家电上常见的红外接收头，以最低成本给机器人增加遥控功能。

触须是手工制作的，所需材料见下表。

制作触须所需的材料：

- >> M3长螺丝，2个
- >> 圆珠笔芯弹簧，2个
- >> RCA插头的尾簧，1个（或其他粗细适中的金属丝2小段）
- >> 3针排插，1个
- >> 3个1组的杜邦排线，1根
- >> 洞洞板边角料，5×7、3×7各1块
- >> M3螺丝、螺母，适量
- >> 厚度适中的纸（我使用的是便条纸），1小块
- >> 导线，2根
- >> 热缩管，1小段

经过多次试验，RCA插头的尾簧非常适合用作机器人的触须。这种材料有一定弹性，强度也够，受力弯曲和复位的效果非常好，最大优点是它可以焊接，而钢丝是无法用普通工艺焊接的。笔芯弹簧也是很好的素材，方便易得，弹性和强度满足设计要求，也同样支持焊接。

触须将作为一个传感器组件接入电路。做法是先把尾簧拉直焊接在笔芯弹簧一端并引出一根导线，如图5-22所示。触须相当于一个开关式传感器的“动片”，机器人的两根触须是共地的，这样可以防止单片机引脚因静电等外界因素遭到损坏。弹簧的另一端套在M3长螺丝上，中间垫绝缘纸。两根螺丝相当于传感器的“静片”，分别连接至Arduino的数字9和数字10引脚。我把便条纸裁成一头窄、一头宽的小长条，成纺锤形紧紧卷在螺丝上，令弹簧悬浮在螺丝之上，不管触须在哪个方向受力，都会使弹簧变形，与螺丝接触到一起。调节弹簧套在纸卷上的深浅，可以微调传感器的灵敏度，套得越浅，灵敏度越高。

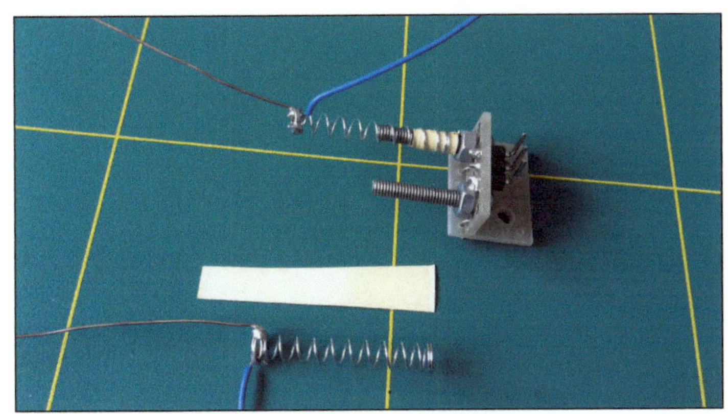

图5-22 制作触须传感器组件

最后给弹簧前端和触须结合的部位套上热缩管作防护，把组件装到头部舵机上，插上杜邦线连通电路，就完工了（见图5-23）。

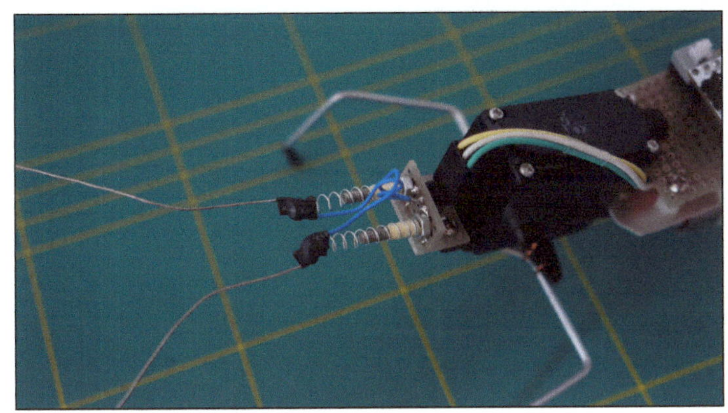

图5-23 触须传感器组件安装就位

出于简化制作的考虑，这个开关式传感器组件没有按照习惯加入外部上拉电阻，之后我会在程序里启用Arduino的内部上拉电阻。另一个问题是机器人运动时，弹簧会带着触须一起振动，不过好处是可以让机器人看起来更接近真实的生物，缺点是会造成误触发。传统的解决方案是加入消抖电路，但这样会增加硬件部分的制作难度，我采取的方法是软件消抖，这里用到了《Arduino权威指南》（即《Arduino Cookbook》的中文版）中提供的一段代码。

红外接收头选用的是常见的铁壳VS1838B。这个模块的安装方法异常简单，把引脚弯个直角，让受光面向上，直接插入洞洞板上的3脚排母，连通电源和信号

线就可以了。为了美观，最后我还用边角料给2号机制作了一个“小尾巴”，完成后的机器人如图5-24、图5-25所示。

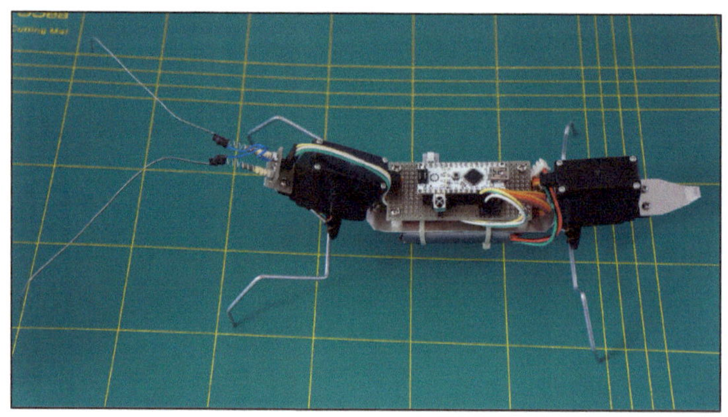

图5-24　2号机左侧视图

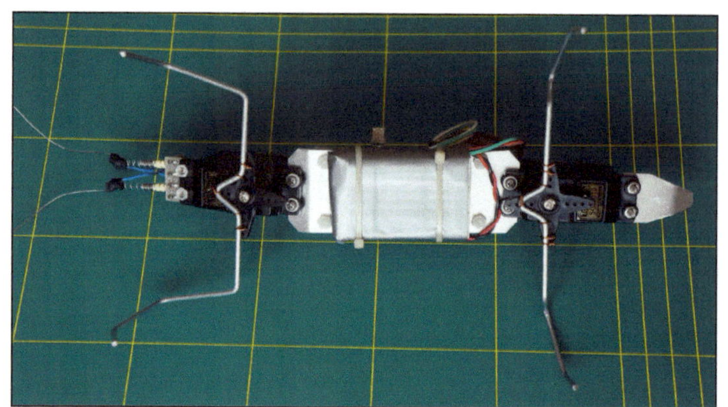

图5-25　2号机底部视图

5.4.5　升级2号机——触须传感器

首先启用触须传感器，把2号机升级为一个自主机器人。在主程序下建一个名为debounce的标签，程序如下。

```
/*debounce.ino，触须消抖*/
boolean debounce(int pin)
{
  boolean state;
  boolean previousState;
```

```
  previousState = digitalRead(pin); //状态寄存
  for(int counter=0; counter < debounceDelay; counter++)
  {
   delay(1); //等待1ms
   state = digitalRead(pin); //状态读取
   if( state != previousState)
   {
    counter = 0; //状态改变，计数器清零
    previousState = state; //保存当前状态
   }
  }
  //状态稳定在设定范围以后，返回值
  return state;
}
```

这段程序来自《Arduino权威指南（第2版）》中的一段开关消抖代码。为了看着方便，我把注释部分翻译成了中文。简单说，这就是一个布尔函数，按设定时间读取开关状态，稳定以后，返回真假值（HIGH或LOW）。经过试验，这个函数用在2号机上的效果不是太好，这是因为触须和普通机械开关结构不同，且传感器组件是安装在一个活动平台上的。我把debounceDelay值设置在10ms，当机器人动作幅度较大（比如转弯）时，误动作频繁，而把这个值设置得较高，又会出现反应迟钝的问题，以至于触须碰到了墙壁，机器人还在往前走。最后采取的办法是只要做完一串大动作，就强制命令机器人向前直行数步，使触须“冷却下来”（稳定在常态抖动，相当于机械消抖）。

主程序内容如下。

```
/*walker.ino,2号机主程序*/
#include <Servo.h> //导入舵机库
Servo head,back; //创建舵机对象,head为头,back为尾
byte steps[] = {65,65,115,115,65,65,115, 115}; //步态数组
const int RTsensor = 9; //设定右触须
const int LTsensor = 10; //设定左触须
const int debounceDelay = 10; //设定消抖间隔
void setup() //系统初始化
{
 pinMode(RTsensor,INPUT_PULLUP); //注3
 pinMode(LTsensor,INPUT_PULLUP); //启用上拉电阻
```

```
  head.attach(11); // 启用头部舵机
  back.attach(12); // 启用尾部舵机
  delay(3000); // 延迟 3s 启动
}
void loop() // 主程序
{
  int tempR = debounce(RTsensor); // 读取右触须状态
  int tempL = debounce(LTsensor); // 读取左触须状态
  if (tempR == LOW && tempL == LOW) // 如果两边都碰到物体
  {
    move(3,12,0); // 就倒退 12 个循环
    move(1,3,0); // 强制前进 3 个循环，待触须“冷却”
  }
  if (tempR == LOW && tempL == HIGH) // 如果右边有障碍
  {
    move(3,8,-5); // 就向左后方倒退 8 个循环，留出转弯半径，见注 4
    move(1,12,-18); // 左转 12 个循环
    move(1,3,0); // 强制“冷却”
  }
  if (tempL == LOW && tempR == HIGH ) // 同上
  {
    move(3,8,5);
    move(1,12,18);
    move(1,3,0);
  }
  else // 否则
  {
    move(1,1,0); // 就一直向前
  }
}
```

注3：ATmega系列单片机带有内部上拉电阻，在Arduino上启用上拉电阻有两个方法。以右触须为例，比较老的方法是：

```
pinMode(RTsensor,INPUT);
digitalWrite(RTsensor,HIGH);
```

这方法稍微有点啰唆。新方法只要一句话：

```
pinMode(RTsensor,INPUT_PULLUP);
```

接下来是控制机器人动作的move标签。前进已经有了，还差后退和转弯。让

机器人后退比较简单，只要改变一个舵机的时序即可。我设计的转弯方法是机器人向左转就让舵机向左侧转动的幅度大一点，向右转就让舵机向右侧转动的幅度大一点。但是这种两个驱动器的BEAM机器人在结构上有一定局限性，因为它的左前腿和右前腿是联动的，无法单独运动，左后腿和右后腿也存在这个问题，造成了转弯时动作比较僵硬。为了改善这个问题，可以适当减小调整角，这样机器人转弯时动作就比较灵巧了，但是又会带来一个新问题——步态循环数量的增加使机器人需要占用较大的空间来完成转弯，用车辆术语来形容就是“转弯半径”比较大。

注 4：根据这个情况，我让机器人在探测到障碍时，先后退一定距离，留出转弯半径，再执行转弯操作。

新建一个move标签，编写2号机的动作函数。

```
/*move.ino，动作生成*/
void move(byte mode,byte cycle,char adjust) //注 5
{
  for(int r=0;r<cycle;r++) //步态循环数
  {
    for(int n=0;n<4;n++) //一个步态循环
    {
      head.write(steps[n]+adjust);
      back.write(steps[n+mode]-adjust);
      delay(190); //步伐间隙，建议取值200~300ms，根据舵机转速调节数值，使
动作衔接流畅
    }
  }
}
```

注 5：参数mode、cycle、adjust依次为动作模式、步态循环数和转弯调整角。当mode为1时，机器人前进，为3时后退；一个cycle就是一个步态循环，可以简单理解为舵机动4下；adjust调整的是舵机向一侧动作的幅度，数值不要太大，一般控制在5°~20°，否则机器人转弯时会侧翻。

在写这篇文章时，我还试用了Arduino官网提供的开关消抖库，有Bounce1和Bounce2两个版本。启用Bounce2的LOCK_OUT方法以后，可以把抖动形成的噪声彻底关在外面，效果非常好。注意这个库默认是给普通机械开关使用的，用在触须上需要修改库里的Bounce2.h文件，去掉#define BOUNCE_LOCK_OUT这句话前面的双斜杠。

LOCK_OUT方法的消抖原理如图5-26、图5-27所示，图片来自Bounce2库自带的说明文档。

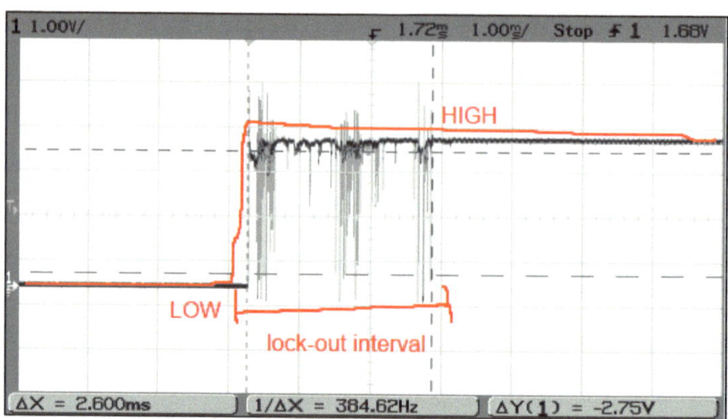

图5-26 lock-out interval为需要砍掉的噪声

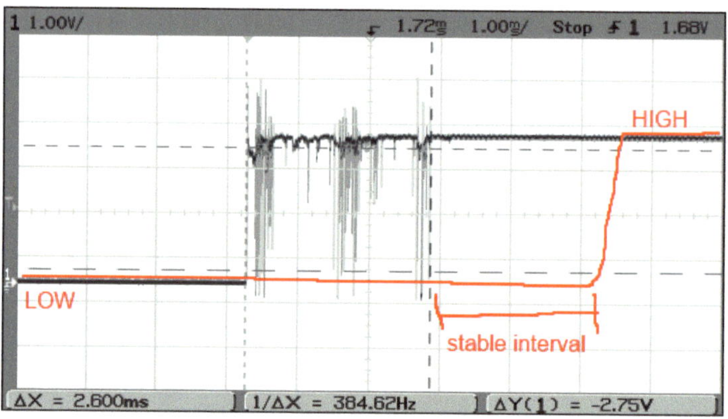

图5-27 消抖以后的效果

使用Bounce2库的主程序如下：

```
/*Bounce2消抖主程序*/
#include <Servo.h>
#include <Bounce2.h>
Servo head,back;
byte steps[] = {65,65,115,115,65,65, 115,115};
#define Rsensor_PIN 9 // 右触须
#define Lsensor_PIN 10 // 左触须
Bounce debouncerR = Bounce();
Bounce debouncerL = Bounce();
void setup() // 系统初始化
```

```
{
  pinMode(Rsensor_PIN,INPUT_PULLUP); //启用上拉电阻
  debouncerR.attach(Rsensor_PIN); //启用右触须消抖
  debouncerR.interval(10); //设定消抖间隔
  pinMode(Lsensor_PIN,INPUT_PULLUP); //启用上拉电阻
  debouncerL.attach(Lsensor_PIN); //启用左触须消抖
  debouncerL.interval(10); //设定消抖间隔
  head.attach(11); //启用头部舵机
  back.attach(12); //启用尾部舵机
  delay(3000); //延迟3s启动
}
void loop() //主程序
{
  debouncerR.update(); //更新右触须状态
  debouncerL.update(); //更新左触须状态
  int tempR = debouncerR.read(); //读取右触须状态
  int tempL = debouncerL.read(); //读取左触须状态
  if (tempR == LOW && tempL == LOW) //如果两边都碰到物体
  {
   move(3,12,0); //就倒退12个循环
  }
  if (tempR == LOW && tempL == HIGH) //如果右边有障碍
  {
   move(3,8,-5); //就向左后方倒退8个循环，留出转弯半径
   move(1,12,-18); //左转12个循环
  }
  if (tempL == LOW && tempR == HIGH ) //同上
  {
   move(3,8,5);
   move(1,12,18);
  }
  else //否则
  {
   move(1,1,0); //就一直向前
  }
}
```

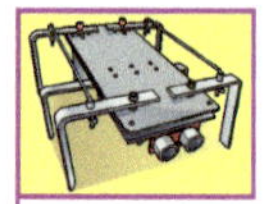

结论是机械开关虽然结构简单、可靠性高，但是作为移动式机器人上的传感器与外界互动，却是一种比较难伺候的元器件（文中还不是最坏的情况，试想一辆数十千克的物料搬运小车将要撞上墙壁的情形，开关作为最后一层保护将面临惯性带来的冲击等诸多问题）。我在2号机上最大的收获可能就是开关消抖的经验了。

5.4.6 升级2号机——红外遥控

接下来启用2号机上的红外接收头实现遥控功能。随便找一个遥控器，为了操作更加直观，建议使用带有方向键的，我用的是电视机顶盒配套的遥控器。下面要做的是破解红外遥控编码。

首先去Arduino官网或github下载安装一个IRremote库（最新发布的IDE里已经包含了一个红外遥控库，名为RobotIRremote，但是没有示例，不符合我们的要求）。安装好红外遥控库以后，打开IDE示例下的IRremote/IRrecvDemo，修改两行语句。

把“int RECV_PIN = 11;”换成自己用的引脚，我用的是数字2脚，即“int RECV_PIN = 2;”。去掉“Serial.println(results.value, HEX);”中的“,HEX”，否则串口监视器中显示的是16进制编码。连接好红外接收头，上传程序后，你的Arduino就变成了一个红外解码器，可以通过串口监视器查看任意一个按键的键值（见图5-28）。这个功能非常方便，比以前用录音软件记录下红外信号的波形再分析简单多了，缺点是只能分析出正规家电遥控器的编码，一些小成本的红外遥控玩具会出现识别错误。

图5-28　用Arduino破解红外遥控编码

串口监视器里显示的编码如图5-29所示，把它们对应着按键记录下来，下面会用到。

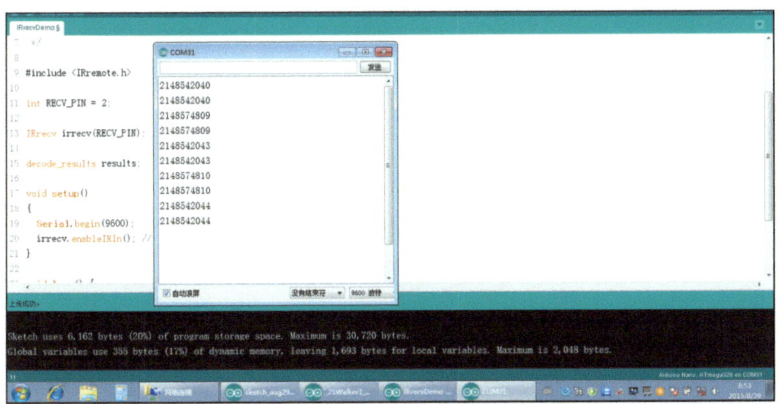

图5-29 在串口监视器里查看键值

有了键值后，再写一个红外遥控子程序即可。一个要注意的问题是舵机库占用了定时器资源的Timer1，IRremote的定时器不能和它发生冲突（Bounce2库不存在这个问题）。打开库里面的IRremoteInt.h文件，找到这段：

```
// Arduino Duemilanove, Diecimila, LilyPad, Mini, Fio, etc
#else
#define IR_USE_TIMER1  // tx = pin 9
//#define IR_USE_TIMER2  // tx = pin 3
#endif
```

把它修改成：

```
// Arduino Duemilanove, Diecimila, LilyPad, Mini, Fio, etc
#else
//#define IR_USE_TIMER1  // tx = pin 9
#define IR_USE_TIMER2  // tx = pin 3
#endif
```

在IDE里新建一个remote标签，内容如下：

```
/*remote.ino，红外遥控*/
const long goahead = 2148542040; //直行键值，对应着遥控器的上键
const long reverse = 2148574809; //后退，下键
const long turnleft = 2148574810; //左转，左键
const long turnright = 2148542043; //右转，右键
```

```
void remotecontrol() //红外遥控函数
{
 if (irrecv.decode(&ircode))
 {
  if (ircode.decode_type != UNKNOWN) //如果键值有效
  {
   roll(ircode.value); //就把它发送给roll()
  }
  irrecv.resume(); //接收下一个键值
 }
}
void roll(long value) //判断执行函数，注6
{
 {
  switch(value)
  {
   case  turnleft : move(1,12,-18); break; //左转
   case  turnright : move(1,12,18); break; //右转
   case  goahead : move(1,12,0); break; //直行
   case  reverse : move(3,12,0); break; //后退
  }
 }
}
```

主程序里要做3件事，先在开头部分定义红外接收头。

```
const int IR_Pin = 2; //红外接收头为数字2脚
IRrecv irrecv(IR_Pin);
decode_results ircode;
```

之后在setup()中初始化。

```
irrecv.enableIRIn();
```

最后在loop()中调用remotecontrol()即可。remotecontrol()的位置取决于控制优先级，也就是你想让机器主导还是让人主导。我认为触须传感器是第一现场，红外遥控只起辅助作用，所以把它放在最后，主程序先执行完触须检测再进入红外遥控。

注6：这段红外遥控程序写得比较简单，不带锁存功能，按一下遥控器就调用一次move()。为了看起来更直观，我把每个动作的循环数统一设置成了一个比较大的数值（12），仅供测试用。

www.ingramcontent.com/pod-product-compliance
Ingram Content Group UK Ltd.
Pitfield, Milton Keynes, MK11 3LW, UK
UKHW060406300726
14090UKWH00006B/465

* 9 7 8 7 1 1 5 4 6 0 4 4 8 *